美術教育ハンドブック

神林 恒道・ふじえ みつる 監修

三元社

まえがき

芸術が「人格の形成」に果たす役割や意義は、ハーバート・リードなど、さまざまな論者によって語られてきた。「人格の形成」とは、生物学上の「ヒト」が、自律した「人間」として生成し成長していく過程であり、その過程を保障し促すのが教育である。そうした芸術と教育が交わる人格形成の「場」が、芸術教育である。芸術教育もさまざまな形があるが、本書では、とくに美術（アート）と教育が交わる場、美術教育へとアプローチしていく。

本書での、美術教育へのアプローチは、そのルートごとに執筆者それぞれの美術観や教育観を反映している。だから、ルートによって見える景色も違っている。美術教育にたずさわる読者には、ルートによっては、見慣れた景色を確かめて安心することもあるし、逆に、なじみのない風景にとまどうこともあるかもしれない。また、「アプローチ」には「より近づく」ということから「何かに取り組む」、「話を持ちかける」という意味もある。そこでは、あらたな「取り組み」や聞いたことのなかった「話をもちかけられる」かもしれない。変化に富んだ美術教育の世界で、自分がどこにいるか、どこに向かうべきか迷ったときに、美術教育の「広がり」と「高まり・深まり」が、立体的に見通せる３Ｄマップとして本書を手元において活用していただきたい。

本書の構成は大きく四つの部分からなる。

第一は、「Ⅰ 美術教育学の基礎」である。これは、美学や人類学、社会学や認知論など、他の学問や領域からの美術教育へのアプローチである。いわば美術教育学を形成しつつある「新山」を、それに連なる山脈のいくつかの山頂（専門分野）から距離をおいて眺めるアプローチである。その新山を展望して、大きなフォルムや色調などを捉えながら、そこにあるルートを見つけようとするものである。同じ富士山でも山梨県側から見るか静岡県側から見るかで形が変わって見えるように、その「新山」も、見る地点がちがえば、また異なる姿を現す。

第二の「Ⅱ 美術教育の歴史と体系」は、新山のふもとから山頂をめざして登っていくアプローチである。そこでは、樹海のように入り組んだ美術教育の歴史と体系の課題、切り立った岩場のような直面する克服すべき課題などが語られる。「歴史は繰り返す」と言われるが、たとえば、山本鼎がタイムマシンに乗って現代に生き返ったとしても、日本の現代の社会や教育の状況では、同じ活動をすることはできないであろう。その意味で、厳密には、歴史は繰り返さない。ただ、美術史における古典主義とロマン主義のように、歴史的な様式が美術を分析する体系的な概念として成り立つ例もある。美術教育論でも、同様の「本質主義」と「状況主義」との対概念が指摘される。「本質主義」は美術の本質（エッセンス）が教育を規定するとする考え方で、「状況主義」は社会状況（コンテクスト）に対応した教育における美術の果たす役割を期待する考え方である。現代に蘇生した山本鼎は、おそらく、ロマン主義で本質主義的な立場から、その主張を展開するであろう。

歴史的事実の「記述（description）」は、各時代の美術教育に関する資料を収集し、それらを整理することであるが、整理する観点は現在の美術教育の課題意識と切り離すことはできない。「記述」は、その課題解決のために歴史から教訓を学び、これからの美術教育のあるべき姿を模索し提示する「規定・処方箋（prescription）」ともなる。いまの現実をどう認識するかということと、本来のあるべき姿を主張することは、論理的には切り離せない。美術教育に関する歴史と体系という縦糸と横糸とを織り上げて、どんな模様にデザインしていくかが問われている。

第三の「Ⅲ アートと教育」では、美術教育の「新山」の山頂から展望するアプローチである。その山の裾野に広がっているアートという未踏の尾根やルートに、美術教育のあらたな可能性とフィールド（現場）を再発見し、美術教育の枠組みを再構築しようとするものである。

なお、各章末に掲げた参考文献は文字どおり、さらに研究を深めたいと思うひとのための参考書案内と考えてもらいたい。論文はインターネットで閲覧できるものを選んだ。章を横断して参考となるものもあるので、本文中で取り上げられている文献も含めて、全体に目を通されたい。

第四は、「美術教育シーン」である。そこでは、さまざまなフィールドにおけるシーン（現況）を通して、美術教育の「いま」を見ることができる。それは、美術教育論をカバーするフィルターであり、レイヤーでもある。どのフィルターを透かして見るかで、それぞれの理論から見える色や形がちがってくる。こうしたシーンがレイヤーとして積み重ねられてできる積層が美術教育の歴史をつくってきたし、これからもつくっていくのである。

以上、第一から第四までの主旨を紹介したが、こうしたまとめ方や順番は、便宜的なもので、読む順番を強要するものではない。また、すべてが便宜的なまとまりに収まりきるわけでもない。まず、目次を見て、関心のあるタイトルを見つけて、そこから読み進まれることもお勧めしたい。

本書が、美術や教育に関心のある多くの方々の手元で、文字通り、「ハンドブック」として、日々の教育・研究に活用されることを、監修者として願っている。

監修者　ふじえ みつる

もくじ

Ⅱ 美術教育の歴史と体系

Ⅲ　アートと教育

I　美術教育学の基礎

1　美術教育とは何か

神林 恒道

「美術教育」には二つの意味が含まれている。「美術の教育」と「美術による教育」、すなわち美術という「技術」教育と美術という「芸術」を通じての人間形成である。前者はカリキュラムの一つに過ぎないが、後者は「知育」とともに、人間教育のための二本柱をなすはずのものである。ここで改めて、美学あるいは美的人間学の視点から、「美術教育」のあるべき姿を探ってみたい。

日本における「美術の教育」

まず「美術」という言葉だが、これは西欧をモデルとした日本の近代化にあたって、「アート（Art）」の翻訳語として成立したものだが、公的に用いられた最初の例の一つが、わが国の最初の国立美術学校として開設された「工部美術学校」である。この学校が工部省の管轄によるものであったことからも知れるように、この「美術」は「芸術」というよりは、科学的で実用的な「技術」の習得に重きを置いたものだったと言える。この当時、西洋画が盛んにもてはやされたのは、本物そっくりの迫真的な表現、つまり「逼真ノ技」にあった。

　ここでのカリキュラムはもっぱら、西欧の美術アカデミーを規範とするものだった。この美術学校は西南戦争による経済的、あるいは運営上の問題から閉校となり、その後、文部省の管轄で「東京音楽学校」とともに「東京美術学校」が新たに開校され、これが現在に至る日本の芸術教育の二大拠点となっている。ところで東京音楽学校は創設以来、今日の東京藝術大学音楽学部に至るまで男女共学であるが、美術学校の方は、かつての工部美術学校での共学制度が廃され、戦後まで女子の入学は認められなかった。代わって女子の美術教育を引き受けたのが「女子美術専門学校（現女子美術大学）」だった。

　この間、美術を巡る状況に大きな変化が起こっている。それまで「文明開化」をモットーに、ひたすら西欧の先進国をモデルに近代化を推し進めてきた明治政府が、その方針を国粋主義的な方向に切り替えはじめたのである。その一つの引き金になったのが、東京帝国大学のお雇い外国人講師、フェノロサ［1853～1908］による講演「美術真説」だった。フェノロサはそこで、日本人が驚嘆する西欧絵画のリアリズムは、美術と科学を混同した「理学ノ一派」に過ぎない、美術を美術たらしめるのは「妙想」にありと批判し、さらにこの妙想という点では、日本の美術が西欧のそれよりも優っているとまで語ったのである。すなわちこの演説を通じて、実用主義の美術ではない、理想主義の視点から「アート」の意義が、初めて説かれたのである。

　その結果、新設の東京美術学校のカリキュラムは、従来の西欧風のものから一八〇度転換して、伝統的な美術の修得に限定されることとなった。これを主導したのがフェノロサであり、岡倉天心［1863～1913］であった。奇妙なのは、これに対する音楽学校の教育方針が、徹底して西洋音楽の学習に向けられていたことである。ところがその後間もなくして、両校に明暗を分ける事件が出来している。
すなわち日清戦争に際しての軍備拡張と国費節約の名目で、音楽学校は師範学校附属とされ併合の憂き目に遭ったのである。その事態はおよそ六年にわたる。その理由は両校の設立にあたっての学則の相違に見ることが出来よう。美術学校は第一義的にアーティストの養成を心がけていたのに対して、音楽学校は「善良ナル音楽教員」の養成に主眼を置いていたことに、問題は帰せられるように思われる。

そこで問われなければならないのは、教え学べるものとして（音楽も含めて）「芸術」の専門教育は可能かということである。芸術が芸術であるための本質的な部分に即して言うならば、答えは否である。モーツァルトの不羈《ふき》奔放《ほんぽう》な天才性をモチーフにした映画『アマデウス』（一九八四年、ミロス・フォアマン監督）に登場する、努力家ではあるが凡庸な宮廷音楽家サリエリの悲哀を思い出してみればよかろう。しかし一方で、独りよがりの天才は、だれの理解も得られない。芸術には創造的個性が根を下ろす土壌が必要であり、さらにこれを耕すところに「技術」が求められる。

芭蕉は自らの俳句について、次のように述べている。「格に入りて格を出ざる時は狭し、又格に入ざる時は邪路にはしる。格に入りて格を出で、はじめて自在を得べし」と。つまり型にとらわれている状態は、俳句以前であり、そうかといって型を無視するのでは、これは邪道であり俳句とは言えない。つまり本当の俳句は五七五の型を守りながら、自由自在の表現が可能でなければならないというのである。このように芸術には、だれもが学ぶことが出来るものと、それぞれの天性に委ねるしかないものとがある。すでに近代以前に、このことを指摘したのが狩野安信［1614〜1685］の画論『画道要訣』（一六八〇年）である。その中で安信は、習得可能な技術による「学画」と、生まれつきの才能に由来する「質画」とを区別している。

美術教育と「美学」

古代ギリシャでは、美術は「模倣《ミメシス》の技術《テクネー》」と称されていた。しかもこの技術は哲学者のプラトンによれば、イデアの真実から三段階へだたった、つまりイデアの世界、イデアの模倣である現実界、さらにこれを模倣する技術に過ぎないものにおとしめられている。「アート」の直接の語源である、ラテン語の「アルス（Ars）」もまた本来は「技術」の意味でしかないが、その中でも日々の糧を得るための職人の技でしかない「機械技術《アルテス・メカニカエ》」と、自由人たる知識階級にふさわしい教養としての「自由技術《アルテス・リベラーレス》」の区別がなされていた。現在われわれが芸術と呼ぶ技術のうちで、自由技術と見なされていたのは詩と音楽であり、絵画や彫刻などの美術は機械技術に属するものとされ、それぞれに徒弟制度にもとづく職人組合《ギルド》を形成していた。

「芸術」という営みは人類の歴史とともにある。だがこれらを顧みて「芸術」と呼ぶようになったのは、それほど古いことではない。それは古代ギリシャ・ローマ時代の作品を芸術の最高の規範と見なした、ルネサンスの古典主義以来のことであろう。その動きの中でレオナルド・ダ・ヴィンチ、ミケランジェロ、ラファエロといったアーティストたちは、それまで職人の技とされてきた絵画や彫刻を自由技術の境域にまで高めようと努めたのである。

こうしたアーティストの美意識の高まりを裏付けるのが、一五五〇年、美術史の父といわれたヴァザーリ［1511〜1574］の『美術家列伝（最も優れた画家、彫刻家、建築家の生涯）』の出版である。だがかれらの社会的なステイタスが公に認められるようになるのは、およそ一〇〇年後の一六四八年、フランスの「王立絵画彫刻アカデミー」の創設からである。さらにその一〇〇年後の一七五〇年にようやく、美とは何か、芸術とは何かを論じる「美学」が登場してくる。

美学の祖とされるバウムガルテン〔1714〜1762〕の『アエステティカ（aesthetica）』（一七五〇、五八年）というラテン語のタイトルには、美という意味はない。ただこの著作が美と芸術に関わる研究だということから、たまたま日本で「美学」と訳されただけである。もともとこれはギリシャ語の「ノエシス（知性）」に相対する「アイステシス（感性）」の学を意味している。したがって本来の意を汲むならば「直感学」あるいは「感性学」と訳されるべきだろう。

感性学としての「美学」の対象は、「美」という抽象的な観念ではなく、五感で感じ取られる「美しいもの」であり、そこにプラトン流の形而上学的な古典的美学と一線を画する、近代美学の独自性が認められる。バウムガルテンによれば、美学とは「感性的認識の学」だという。すなわち美とは理屈ではなく、直感的に認識されるものである。絵画の善し悪しは眼で見たら、音楽のそれは耳で聞いたら、たちどころにわかるはずである。そのシグナルが美的感動にほかならない。この美学を哲学の体系のうちに、自律した一部門として位置づけたのがカント〔1724〜1804〕である。

さて知ってのとおり、シラー〔1759〜1805〕はゲーテ〔1749〜1832〕とともにドイツ古典主義の双璧をなす詩人であり、その芸術体験を通じて、カントの美学に強く惹かれるところがあった。かれはカントの哲学から、人間性の理想とは何かを学び、さらにその美学から、芸術は人間性の陶冶《とうや》に有効であるというテーゼを引き出した。これがその後の「美術による教育」の理念を形成した『人間の美的教育についての書簡』（一七九五年）である。ここでまず注意しておかねばならないのは、誤解を招きやすい「美的《エステーティッシュ》」というドイツ語である。この「美的教育」はむしろ「感性教育」と訳されてしかるべきである。この教育は理屈ではなく、いわば直感的に肌で感じる教育なのである。

シラーの「美的教育論」

人間は人間である以前に動物である。動物は外界の刺激に反応する本能のままに行動する。その本能を抑制するのが人間としての理性の働きである。この本能の作用を「素材衝動《シュトッフ・トリーブ》」という。そこから得られた生の素材を吟味してどう処理すべきか、つまり形を与えるのが理性であるが、これを「形式衝動《フォルム・トリーブ》」という。

ごく身近な例で言えば、通勤の満員電車で空席を見つければ、座りたいと思うのが本能である。ところが座ったところへ、杖にすがったお年寄りが現れたとする。狸寝入りでやり過ごすことも出来るが、良心の声は「席をゆずるべき」とささやきかける。だが自分も仕事で疲れているのにと、悩んだあげく仕方なしに席を空けるというのは、ぎくしゃくしてあまり格好いいとは言えない。ところが中には何のためらいもなく「どうぞ」と席をゆずる人もいる。どちらも人としてあるべき正しい行為なのだが、こちらの方が自然であり、見ていてスマートに感じられる。

この後者の心の働きを「美しき魂《シェーネ・ゼーレ》」と呼ぶ。そこには自分勝手な行動は抑制されているが、「こうすべきだ」といった強制もない。そこには偏らない、自由で自然な心の働きが認められる。この動機づけを「遊戯衝動《シュピール・トリーブ》」と呼ぶ。そのとき良心も「…すべき」と命令するのではなく、優しく「美しくあれ」と呼び掛けてくる。シラーはこれこそが、人間のあるべき理想の姿だと語るのである。

この美しい心の働きは、自然であれ芸術であれ、ふだんに美しいものに触れることによって養われると、シラーは主張したのである。これが「人間の美的教育」というものである。美しいものに接し感動する体験は、人間として美しく振る舞うためのシミュレーションだと言えるだろう。この「美的教育」を、説教じみた道徳を甘い糖衣でくるんで、子どもらに服用させることだと思い違いをしている人も少なくないが、とんでもない誤解である。

対象を美しいものとして受けとめる心の働きを、カントは「構想力（想像力）と悟性の自由な遊戯」だと定義している。構想力とは外界の刺激を受けとめる感性のことであり、悟性とは広い意味での理性に含まれる。われわれは自分を取り囲む世界がどのようなものかを認識しようとする。感性というセンサーによって得られた情報を素材として、理性はこれに形式を与える。これがわれわれの知の働きである。先に述べた「良心の声」としての「実践理性」に対して、こちらは「理論理性」と呼ばれる。

ところが時として、悟性の抑制がゆるむときがある。すると想像力はとめどなく広がり、現実との境界も定かではなくなる。このファンタジーは芸術創造のヒントとはなるが、なお形をなさない。感性と理性が互いに主となり従となり、遊動円木のように揺動するとき、そこに美の世界が開かれる。これをカントは「構想力と悟性の調和」あるいは「構想力と悟性の自由な遊戯」と呼んだのである。遊戯は何かのためにあるのではなく、それ自体が目的である。カントはこれを「目的なき合目的性」あるいは「主観的合目的性」と称している。平たく言えば「無用の用」ということであろう。この境地を自覚するのが美的感動であり、この感動はより深い「生命感情」を喚起すると、カントは言う。これこそが美術教育の眼目である「生きる力」の発動と言えるのではなかろうか。

「美術教育」は美術に限られるものではなく、すでに述べたように、広く音楽、体育（舞踊）をも含む「感性教育」として理解されるべきであろう。さらに「美術教育」とは「美術の教育」か「美術による教育」かと問われるならば、後者が主であり前者が従である。絵を描くこと、歌を歌うこと、身体を動かすことは、感性教育に子どもらを導く契機であり手段にほかならない。絵を描くこととは、ルーティン化されたお絵かきの指導ではない。フィードラー［1841〜1895］の芸術学が説くように、「見ること」の発展であり、美しいものを「発見」した記録でなければならない。美術教育でいちばん重要なことは、子どもたちがどうやって、日常の生活の中で美しいものを発見するか、それを見守り手助けをすることではなかろうか。

参考文献

金田民夫『シラーの芸術論』理想社、一九六八年
神林恒道『美学事始——芸術学の日本近代』勁草書房、二〇〇二年
神林恒道、潮江宏三、島本浣編『芸術学ハンドブック』勁草書房、一九八九年
シラー『美学芸術学論集』(冨山房百科文庫11、『人間の美的教育について』収録)、石原達二訳、冨山房、一九九三年
当津武彦編『美の変貌——西洋美学史への展望』世界思想社、一九八八年
山崎正和責任編集『近代の芸術論』(世界の名著81、フィードラー「芸術活動の根源」収録)、中央公論社、一九七九年

2　芸術と人間形成

中村和世

公教育制度における芸術の教育的価値に関する議論は、一九世紀後半から欧州や米国を中心に展開されてきた。英国では、ジョン・ラスキン［1819～1900］が一八五七年に描画の教育的可能性を「美術教育論」で示し、米国では、一般教育における美術の位置づけについて一八九五年の全米教育学会で討議され、同年、ハーバード大学の芸術学教授であったチャールズ・ノートン［1827～1908］は「美術史の教育的価値」の中で、技能習得が中心の職業訓練ではなく、教養の一環としての審美教育を根拠とした美術教育の必要性を教師に対して唱えている。ノートンから教えを受けた、わが国との関わりが深いアーネスト・フェノロサ［1853～1908］は、一八九〇年に日本から帰米後、コロンビア大学の美術教育教授であったアーサー・ダウ［1857～1922］とともに、審美教育としての美術科の確立に力を注いだ。一九世紀に芽生えた芸術の教育的価値に関する議論は、公教育制度の発達にともなって、二〇世紀の教育思想家によってさらに深められ、今日へと受け継がれている。わが国では、人間形成を主眼とする美術教育は、西欧の教育思想の影響のもと展開された大正期の山本鼎［1882～1946］による自由画教育運動や戦後の創造美育協会など、民間団体の美術教育運動などを通して普及している。先人の思想的遺産を継承しつつ、公教育の一環としての美術教育をさらに進歩させていくために、以下では、二〇世紀の美術教育に大きな影響を与えたデューイ、リード、ローウェンフェルドのそれぞれが唱道した芸術による人間形成論を概括する。

ジョン・デューイの「経験」としての芸術論

ジョン・デューイ［1859〜1952］は、米国のバーモント州バーリントンに生まれ、ジョンズ・ホプキンス大学で哲学を専攻して博士号を取得した後、ミシガン大学を経て、シカゴ大学、コロンビア大学で、哲学とともに教育学を教えている。デューイは、一九世紀末に欧州及び米国を中心に起こった児童中心主義の新教育運動のリーダーであり、生涯を通して民主主義社会における芸術教育のあり方を追求し、一八九六年に自らが創設したシカゴ大学実験学校でのカリキュラム開発などを通して、公教育制度の中で行われるべき芸術教育の明確化に努めた。『学校と社会・子どもとカリキュラム』（一八九九年）、『民主主義と教育』（一九一六年）は、今日に継続して教育学の必読書であり、『芸術論——経験としての芸術』（一九三四年）は、美術教育改革運動である「ＤＢＡＥ（Discipline-Based Art Education）」の祖であるエリオット・アイスナーを含め多くの教育学者に影響を与えている。

デューイにおいて、芸術とは、他の文化的所産と共通して、人間が自然力・自然物を人間活動の道具として転化してきたことを示す証拠であり、環境との相互作用の結果として身につけた技や情緒や習慣を保存するものである。芸術には、言葉と同様、文明を継続・発展させる働きがあり、芸術教育論では、芸術が、現在に生きる人間の叡智や共感を豊かにする助けとしていかに機能するかを解明することが問題とされている。芸術の経験は、生物としての身体機能である知覚の働きを通して生成されることを特徴とする。デューイにとって、知覚とは、記憶を基に識別する活動を超えて、過去に経験したさまざまな事柄に関する意味や価値を新しいまとまりに向けて秩序立てていくアクションであり、知覚をベースにした芸術の経験を通して、生命・生活の更新としての人間の成長がもたらされると考えられた。

芸術の経験としての創作と鑑賞は、人格及び共同体の形成プロセスとして説明される。創作において、制作者は、環境とのかかわりを通して経験した感情の特質に合わせて物的材料を選択し組織化する。美的視覚像の形が整えられるにつれて、制作者の観念や感情に応じて物的素材が変化を受けるばかりでなく、制作者の感情や観念もまた改造され、変形される。同様に、鑑賞においても、鑑賞者は、作品を構成している物的・精神的要素を手掛かりに作品との対話を深めることを通して、自己の心を構成している過去の経験の意味や価値について、選択し、明確化し、集約して、心の全体構成を再組織化していく。再組織化が進められることは、生命・生活の更新を意味し、それまでとは違ったあり方で環境とかかわれるようになる。デューイは、人の個性とは、もともとは潜在的可能性であるが、芸術の経験を通して、隠れていた自己の特性は発見され、形成され、意識化され、実現されることを論じている。

また、芸術は、感情の交感を可能にする一つの言語であり、人と人との内的な結合をもたらすコミュニケーション媒体として共同体を形成する役割を果たす。デューイは、単なる生命維持や、自己の欲望を満たすために他者を利用することを目的とした交わりではなく、意味や価値の共有が伴う人間的な交際を理想とし、芸術がそのような交際を発展させるために最たる手段であると考えた。芸術によるコミュニケーションを通して、信条や理想や希望などが異なる他者との内的な結合がもたらされるとき、人間は孤立して偏狭なヴィジョンから解放され、より広くて豊かなヴィジョンの形成へ向かうことができる。社会を構成する個々人がそのようなコミュニケーションに従事することは、協力によって成り立つ民主主義社会の質的向上につながると考えられた。

学校教育で行われる芸術教育に向けては、同様な視座から、専門的技能の習得を中心とする功利的で機械的な性質をもつ職業訓練から、教養としての審美教育への転換を進めることで、個人の生き方の質を高めることが目指された。デューイが意図する審美教育とは、①価値判断の基準を洗練すること、②創造的想像力を養うこと、③審美眼（心の眼で物事をみる力）を育成することを含み、文芸、音楽、美術、工芸などに限らず、学校教育の諸活動に審美的性質を浸透させることが唱えられた。

ハーバート・リードの芸術による教育論

ハーバート・リード［1893〜1968］は、英国のヨークシャーに生まれ、詩人、文芸・美術評論家、美術史家として知られ、教育書である『芸術による教育』（一九四三年）は、三〇言語以上に翻訳され、今日でも重要なテキストとして国際的に評価されている。リードは、生涯の二五年余りを子どもの創造性の研究に費やし、リードの教育信条である「芸術をすべての教育の基礎とすべし」は、彼がその創設に主要な役割を果たした国際美術教育学会（International Society for Education through Art）の活動を通して世界中の美術教育者に受け入れられている。

リードは、芸術とは、一般的に捉えられているように、余暇やレクレーションではなく、また、個人的で気まぐれな空想によるものでもなく、自己創造を起こす「教育の一つの手段」であると論じている。教育手段としての芸術について、リードは『芸術教育による人間回復』（一九六六年）において、次のように述べている（原題は *The Redemption of the Robot: My Encounter with Education through Art.* 引用は筆者訳）。

芸術は今や「特別なもの」ではない。私たちは、芸術家気質と以前に呼ばれていた尺度で少数の子どもを選り抜き、この少数派を芸術家になるように訓練することをもはやしない。私たちは、あらゆる子どもは何分かの芸術家であることを認めており、正規の創造的活動を奨励することは、完全でバランスの取れた人格の発達にとって不可欠なものの一つであることを主張する。

リードは、教育の目的を「人間の個性の発達を助長するとともに、こうして教育された個性をその個人の所属する社会集団の有機的統一と調和させることである」と定義し、芸術教育論では、この定義に沿って、芸術を通して、いかに社会的な統合を形成しつつ、子ども一人一人の心理的性向を独自の美的形態へと発展させられるかという問題に取り組んでいる。

リードは、子どもの絵の収集と分析を通して、子どもの自発的な造形表現には自然本性が表現されるので特殊な心理的傾向を知るための鍵となり得ることを示し、芸術のみでなく諸種の教科においても、ルソーが示した子どもの自然本性から始める教育を実現するために芸術を基礎に置く必要性を唱えている。リードの教育的理想は、知識量や知的処理能力を目指す知育ではなく、生活上の感情と実際の両面にわたるモラル上の中庸と調和のセンスを養うことに向けられている。芸術教育においても、美しいものをつくる過程において自己の感情を結晶化し美徳の型を人格の中につくることがねらいとされる。人格の一部として身に付けられた美徳の型は、単なる知識ではなく、生活の中で生きて働き発展し、社会との調和的な関係を個人にもたらす。

リードは、造形表現を通して美徳が人格の一部となるプロセスをフロイト等の心理学を援用して説明している。フロイトが示した心的機能に関する理論では、人間の精神機能は「本能的衝動」「自我」「超自我」という三つの機能の相互作用として捉えられる。子どもの本能的衝動に基づく自発的な造形活動では、心の無意識層に存在するイメージの解放が伴い、それらのイメージを材料とした想像活動が行われる。無定形の感情や感動を造形化するプロセスにおいて、材料であるイメージは比較され結合されて、意味のある新しい構成体となり、心それ自体の発達構造の一部となる。リードは、そのようなプロセスをフロイトが示すサブリメーション（純化、昇華、崇高化）と対応させて説明し、利己的本能衝動、願望および欲望が社会的に有用な、もしくは社会的に容認される思想や理想に転換される過程であると捉えた。思想や理想は、意識の層から下に沈むが、実在する超自我となり、意識を超えて、生活上の想像・思考・行動様式をコントロールするようになる。無意識に働く行動のよさや美しさのセンスに基づいて、いかになすべきかが決定され、それを通して人格の性質が定められていく。リードは、芸術教育の本質は「略奪性のある本能の上に、秩序を求める本能をのせる」ことを主眼とする審美教育にあることを唱道し、本能衝動を美徳へと転換する芸術教育は、人間的秩序を築くがゆえに、平和のための教育となり得ることを主張している。

また、文明の持続・発展という点からも芸術教育の役割は重んじられる。文明の生命は、人間の精神活動にかたちを与える言語と想像力の中に新しいイメージと表現形態を取り入れることで再生が可能になるとリードは論じる。芸術では、これまでにない新しいイメージや感情が想像力を通して造形化され、それは人間の精神活動に生じた変化を捉えるのみでなく、変化を及ぼす。従って、幼少の頃から、感情に対する知覚を十全に開き、それを形に表す審美的能力を育てることが教育で必要とされる。

さらに、リードは、国際語としての視覚芸術の機能についても論じている。視覚芸術は、人類のもっとも深い直観や感情の表現であり、本質的にシンボルの言語である。従って、統治、習慣、言語などの相違から諸国民を分離させる障壁を打ち壊して、相互交流を可能にし、人間と人間とを結合する絆を築くことに関与する。

ヴィクター・ローウェンフェルドの美術による人間形成論

ヴィクター・ローウェンフェルド［1903〜1960］は、オーストリアのリンツに生まれ、ウィーンの美術アカデミーやウィーン大学を修了後、アメリカに渡り、約一五年間、ペンシルバニア州立大学で美術教育学教授として教鞭を執った。主要な教育書である『美術による人間形成――創造的発達と精神的成長』（一九四七年）は、世界的に広く美術教育者に親しまれ、今日においても特に小学校教員養成の主要なテキストとして用いられている。

ローウェンフェルドの教育信条は「子どもにとっての美術は、大人にとってと同じではない。子どもにとっては、美術は、単なる表現の手段に過ぎない。子どもの考えは、大人の考えとは異なっているから、表現もまた異なっているはず」だというものである。彼は、極端な児童中心主義による美術教育における「子どもに十分な美術材料を与えよ。そうすれば、彼は自分の表現方法を自ら発見するだろう」といった原則は、大人の考えを押しつけるのと同様、子どもにとって害にしかならないと考え、二〇年以上の年月にわたって数千点にのぼる子どもの美術作品を研究し、子どもの創作活動に見られる精神的発達の段階を明らかにし、子どもの身体的・心理的要求を的確に踏まえた美術指導を行う必要性を示した。彼が発見した子どもの絵の発達段階は、「なぐり描き（二〜四歳）」、「様式化前（四〜七歳）」、「様式化（七〜九歳）」、「ギャング・エイジ（九〜一一歳）」、「疑似写実的（一一〜一三歳）」、「青年期の危機（一三〜一七歳）」の六段階に分類される。

ローウェンフェルドは、当時の学校教育が読み書き計算などを中心に知識量を重んじる知育に偏重していることを問題とし、美術教育を通して、測定困難を理由に軽視されている創造性や人生の豊かさにつながる人間的価値に対する感受性を培う必要性を唱えた。創造性とは、動物と人間とを分かつ特性であり、すべての人間に潜在的に備わっているものである。ローウェンフェルドは、この創造性を、自己の限界を破って、開発、探究、調査する力であると捉え、その要素を、①問題に対する感性、②堪能さ、③柔軟性、④総合、⑤分析、⑥再定義、⑦一貫性のある組織化、⑧オリジナリティとして特定している。また、美術教育を通して養う創造性は人間的価値の促進と関連づけられるべきであると説き、自分にとっての真実を見出したり、自分の価値に応じて思考・感情・知覚をバランスよく組織化したり、他者の必要性に感情移入したり、一般的な経験を自分にとっての意味に応じて再構成したりすることに向けられる感受性を育成することを重んじた。

ローウェンフェルドが捉える芸術とは、あらゆるレベルにおいて人間精神の表現であり、作家個人と環境とのかかわりの表現である。芸術の創造的経験は、感情、知覚、思考が結合して働くことを特徴とし、①感情、②知性、③身体、④知覚、⑤社会、⑥審美、⑦創造の七側面からの全人的な成長が促されることをローウェンフェルドは主張している。そのような成長を起こす方法として、過去の眠っている知識を活性化して、一般的もしくはステレオタイプ的な概念や印象をくだき、対話を通して、主題、材料、表現方法と子どもの精神的概念との結びつきを深めることで、子どもの認識の枠組みを拡大することが提案されている。

ローウェンフェルドは、市民性育成の点からも美術教育の役割を論じている。自己にとっての真実を涵養するのみでなく、他者の必要性を自分自身に置き換えて感情移入できる力を高める美術教育は、他者との協力のもと成り立つ共同体の形成や平和な社会構築に役立つと考えられた。また、美術教育を通して培われた創造的かつ自立的な思考や心の姿勢は、民主主義社会を支える市民の基本的性格であり、人生におけるあらゆる場面へ転移されることが期待された。

これからの美術教育を発展させていくために

これからの美術教育は、今を生きる子どもに対する教育実践を通して、先人たちが切り拓いた人間形成を目的とする道をさらに実現化し発展させられるよう、計画されなければならない。公教育の中で行われる美術教育が、個人の人格的成長とともに社会の発展に対して責任を負うとき、それは、単なる技術指導と異なり、難しいが、やりがいがあり意味のある仕事に変わる。二一世紀は、グローバル化が一層進むことや、技術革新が絶え間なく生まれることを特徴とする。そのような時代にあって、人間的価値を感受できる力を開き、価値観の異なる他者との結びつきを深める美術教育を進めていくことがこれまで以上に必要とされるだろう。

参考文献

ジョン・デューイ『民主主義と教育』(上・下、岩波文庫)、松野安男訳、岩波書店、一九七五年
ジョン・デューイ『学校と社会・子どもとカリキュラム』(講談社学術文庫)、市村尚久訳、講談社、一九九八年
ジョン・デューイ『芸術論——経験としての芸術』鈴木康司訳、春秋社、一九六九年
ハーバート・リード『芸術教育による人間回復』内藤史朗訳、明治図書出版、一九七二年
ハーバート・リード『芸術による教育』宮脇理、岩崎清、直江俊雄訳、フィルムアート社、二〇〇一年
ヴィクター・ローウェンフェルド『美術による人間形成——創造的発達と精神的成長』竹内清、堀ノ内敏、武井勝雄訳、黎明書房、一九九五年

3　美術史における「美術」の探求

竹中悠美

「美術史」を英語に訳すとき「History of Art」か「Art Hisotory」のどちらかを選ばなければならない。前者は包括的に美術作品と見なされている絵画や彫刻や工芸などの移り変わり、すなわち「美術作品の歴史」を指す。後者は美的価値を感じる造形を「美術（fine arts）」とみなし、そこに「様式（style）」と呼ばれる類型を見つけ、その変化や発展を歴史学的に調査研究して記述する学問、すなわち「美術史学」を意味する。例えば、先史時代の洞窟壁画や土器といった考古学的な造形物を「先史美術」という枠組みでその造形や技法を研究することは、当時の人々がどのように見ていたかは脇に置いて、それらを「美術」として見る見方を示している。時代によって移り変わるのは美術作品だけではない。「美術」という見方や美術史学の方法もそれぞれの時代の美的感性と芸術観を反映しながら移り変わってきた。そうやって、多様な表現方法と目的をもつだけでなく、絶えず拡大していく「美術」なるものを理解しようとしてきたのである。

本章では、主要な美術史学の変遷をそれぞれの時代の美術の動向とともに概観することで、われわれ人間は、変化しつづける「美術」とその歴史にどのような意味を見出し、それをどのように伝えようとしてきたかを考えてみたい。

ヴァザーリの『美術家列伝』におけるルネサンス

われわれは見事な作品を目にしたとき、どんな人間がこれを作ったのだろうかと素朴に思う。フィレンツェで活動していた画家であり建築家でもあったヴァザーリ［1511〜1574］がメディチ家を後ろ盾として出版した『美術家列伝』（一五五〇年）は、西洋美術史の時代区分で言うところの中世末期の一三世紀から盛期ルネサンスの一六世紀までイタリアで活躍していた数多くの画家、彫刻家、建築家の生涯と作品を綴っている。

この著作には「芸術」と「芸術家」をめぐる大きなターニングポイントが現れている。それまでは名もない職人たちの「機械技術」にすぎなかった絵画や彫刻が、レオナルド、ラファエロ、ミケランジェロに代表される卓越した技術と知性を併せもった天才的な芸術家たちによって、論理学や数学のような「自由技術（artes liberales）」にも並ぶ「芸術」に高められたのである。

『美術家列伝』を貫いている美的価値は、古代ギリシャ・ローマ時代（紀元前五世紀頃〜紀元後一世紀頃まで）の作品を最高の美の規範とする古典主義であった。ヴァザーリによると、古代の美術は完璧な調和をもって完成していたが、ローマを滅ぼしたゴート族によって破壊されてしまい、彼らの野蛮なドイツ様式（maniera tedesca）によって支配された中世は、美術が衰退した時代であったという。ところが一三世紀のチマブーエの絵画に変化のきざしが現れ、一四世紀の美術はまず自然を模範にしはじめ、次いで古代を模範にした一五世紀の美術を経て、一六世紀のミケランジェロに至って、ついに古代をも超えるほど美術が「再生（rinascita）」したのである。この「リナシタ」のフランス語訳がルネサンスである。

ヴァザーリはこれら三段階の発展を、幼年期、青年期、壮年期と呼んで人間の成長になぞらえている。中世のキリスト教美術はなによりも神と信仰に捧げられていて、現実の世界や人間の描写には重きを置いていなかったのと打ってかわって、ルネサンスの時代には芸術家と美術そのものに人間の理想の姿を重ね合わせるようになった。その手本が古代ギリシャ・ローマの美術だったのである。

美術アカデミーの設立、そして古典主義からの逸脱

ローマと並ぶルネサンスの中心地フィレンツェ、その文化のパトロンであったメディチ家のトスカーナ大公コジモ一世によって、一五六三年に初めて公的な美術教育機関「アカデミア・デル・ディセーニョ」が設立された。「ディセーニョ（disegno）」とはデザインと線描を意味するとともに人間の知性と感性を媒介した創造性を意味し、美術においても学識を重視する概念として、古典主義とともにその後の美術アカデミーに受け継がれていった。

一七世紀に入ると、ヨーロッパ諸国に強大な絶対王政が成立していく一方、フィレンツェを含めたイタリアの都市国家は力を失っていった。ルイ一四世が君臨していたフランスでは国家の威信を高めるための文化振興の一環として、一六四八年に「王立絵画彫刻アカデミー」が創設される。これによってようやく芸術家の地位が社会的に認められるようになる。だが、アカデミーにおける古典主義の制度化は、それが「アカデミズム」として硬直し、美術の実践と乖離してしまう危険性を孕んでいた。フィレンツェにアカデミーが生まれた一六世紀には「手法（maniera）」に凝るあまりに古典的調和から逸脱する作品も生まれて、それらはマニエリスムと呼ばれるようになる。また、フランスの

アカデミーでも、ディセーニョを重んじたプサンに代表される線描派と、ルーベンスに代表される色彩派に分かれての論争が生じる。そして、ルーベンスやベルニーニのように合理性を超えても過剰なほどに美を追い求めた芸術家たちが、バロック（歪んだ真珠）という蔑称を与えられながらも、絶対君主の威光を示す豪華絢爛な宮殿やカトリック教会の荘厳な様式を生み出し、ヨーロッパからラテンアメリカをも席巻していった。

ヴィンケルマンの『古代美術史』と様式史

一七世紀のバロックから、一八世紀に入ると優雅で軽妙な装飾に彩られたロココと呼ばれる様式に移っていく。ところがちょうどこの頃ポンペイの遺跡発掘が始まり、再び古代ブームが起ころうとしていた。一七五五年にドイツで出版されたヴィンケルマン［1717〜1768］の『ギリシャ美術模倣論』は、同時代の美術を世俗的な感性に従ったものとして批判する一方で、古代ギリシャの美を「高貴なる単純さと静かなる偉大さ」という簡潔かつ啓発的な言葉で言い表し、そのような美として形に表れた、古代人の精神こそ倣うべきと主張した。

ヴィンケルマンは新古典主義運動の理念的先導者となっただけでなく、美術史家の先駆けとして、実証的な史料調査に基づく様式研究にも貢献した。一七五六年からイタリアで行った古代の遺物と文献調査の集大成『古代美術史』（一七六四年）で、古代の美術様式をギリシャ時代の「古い様式」、「大いなる様式」、「美なる様式」と、それを引き継いだローマ時代の「模倣の様式」という四つの時代区分に体系化した。さらに彼はそこから「ディセーニョを基にする美術」の発展は「必要」から生まれ、次いで「美の追究」がなされ、最後は「過剰」に至って衰退するというモデルを導き出し、一つの様式そのものが歴史を持つこと、そこには内的な意味があること、そして様式の展開には普遍的な周期性が見出せることを示したのだった。

ヴェルフリンの『美術史の基礎概念』と美術における視覚

一九世紀半ばから大学や美術館で美術史が研究されるようになると、様式研究は急速に進んでいった。スイスとドイツの大学で美術史を講じたヴェルフリン［1864〜1945］は『美術史の基礎概念』（一九一五年）で、一五〜一六世紀のルネサンスと一七世紀のバロックの作品を比較し、事物が線によって「彫刻的」に浮かび上がるルネサンスから、色彩や筆触によって「絵画的」に融合されるバロックへ、空間構成が「平面」的なルネサンスから、「奥行き」を強調するバロックへ、「閉じられた」規則的構造をもつルネサンスから、「開かれた」不規則的構造を持つバロックへなど、計五つの対概念でそれぞれの特徴を浮かび上がらせながら、様式の展開を説明した。

ヴェルフリンの様式分析は、ルネサンスを偏重してバロックを軽視しがちな従来の価値観を排除した客観的なものであった。また、時代様式の分析においては作者が誰であるかということも重要ではないとして「名前のない美術史」も構想していたように、彼は個々の芸術家が生み出す美術様式の根底には各々の時代に固有の「視覚形式」、すなわち基本的な「ものの見え方」というものがあり、美術はその表出であると考えた。そして「ものの見え方」として表れる自律的なフォルム（形式）の変遷として、美術の「歴史」を捉えようとしたのである。

ヴェルフリンが美術における「視覚」の重要性に注目しはじめた頃、もっとも近代化が進んでいた都市パリでは印象主義の絵画が人々の注目を集めていた。それに先んじて、画家クールベは神話を含む歴史画を称揚しつづける美術アカデミーに反旗を翻し、「目に見えるものしか描かない」とレアリスムを宣言していた。だが、絵画史に革新をもたらしたのは、固有色という固定観念を捨てて、うつろう陽光の中で目に見えるものを見えるがままに描こうとした印象主義の画家たちであった。その意味で、ひたすら「目になりたい」と語ったモネは、「視覚」の近代を象徴する画家であったと言うことができよう。

グリーンバーグの「モダニズム論」におけるフォーマリズム

過去の美術を規範とすることから決別し、新しい時代に応じた新しい美術を求めることがモダニズム（近代主義）である。それは既存の権威にとっては反逆を意味する。ゆえにモダンアーティストは、突破口を切り開くためのオリジナリティをもって最前線で戦うアヴァンギャルド（前衛）でなければならなかった。印象主義に触発されたモダンアートの運動は二〇世紀に入ってヨーロッパ中に拡がった。目に映る事物の色からも解放された自由な色使いで描いたマティスらはフォーヴィスムと呼ばれ、キルヒナーを中心とするグループやカンディンスキーを中心とするグループは、同じように自由な色彩と筆触で事物を描きながら画家の主観性を強烈に表出させたドイツ表現主義を形成した。対象をさまざまな角度の視点から見た断片に解体して画面に再構成するピカソらのキュビスム等々も続々と生まれていき、一九一〇年代にはドイツ、フランス、オランダ、ロシアで、ほぼ同時多発的に事物を再現しない抽象絵画が出現した。そして、第二次世界大戦後にはヨーロッパだけでなくアメリカの抽象表現主義や日本の具体美術のように、大画面に絵の具が炸裂するようなダイナミックな抽象絵画が旋風を巻き起こした。

ところが、アメリカの美術批評家グリーンバーグ［1909～1994］はそのようなモダンアートの流れを過去の美術からの断絶として見るのではなく、逆に美術の歴史と連続させることで美術の自律的な意味を主張した。彼は一九六〇年に発表した論考「モダニズムの絵画」で、芸術のモダニズムを各々のジャンルが自己の本質は何かと問う「自己批判」であると意味づけ、その歴史的展開は、本質的ではない要素を捨てていくことで自己を純粋化していく過程だと説いた。美術の本質は「視覚性」であるが、絵画というジャンルの本質的要素を最終的には「平面性」と「絵の土台の形体」と「絵の具の特性」に還元する。それゆえ、矩形のキャンバスの表面に絵の具がほとばしるポロックに代表される抽象表現主義の絵画には、これらの本質的要素を体現した純粋な絵画の究極の姿を見出すことができる。かくして、一六世紀からここに至るまでの長い道のりは、彫刻のような立体感や文学のような物語性など、絵画にとっては非本質的な要素を捨象してきた歴史だったと説明されるのである。

反フォーマリズムとしてのアヴァンギャルドの企図

グリーンバーグの理論はこれまでの様式論を引き継ぎながら、視覚がとらえるフォルムのみに美術固有の質を問う厳格なフォーマリズムである。しかしながら、モダンアートは必ずしもフォーマリスティックな美を追求する運動ばかりではなかった。第一次世界大戦中に起こったダダの活動の中ではフォト・モンタージュや、廃品のアッサンブラージュや、既成品をそのまま作品とするレディ・メイドのオブジェが生まれた。シュルレアリスムはフロッタージュやデカルコマニーやオートマティスム(自動筆記)などの新しい技法を用いて、人間の無意識の世界を表現しようとした。また社会主義革命期に生まれたロシア構成主義は抽象美術や新しい技法を政治的な煽動・宣伝活動に捧げていた。

このようにモダンアートのアヴァンギャルドには、グリーンバーグが考えたような美術の純粋視覚性の追求とは異なる別の目的をもつものがあったのである。いや、それはむしろ全く逆に、一九世紀の「芸術のための芸術」という概念によって民衆の生活から切り離されていた芸術を、再び政治を含めた生の実践の中に取り戻そうとする企てだった。ダダは戦争を繰り返す人間の理性なるものへの不信感の表明であり、芸術という既成の価値の枠組みを破壊しようとした。便器をひっくり返して美術展に出品しようとしたデュシャンの行動も、美術の自律性を保証しようとする美術制度への痛烈な異議申し立てであった。

だが、このような二〇世紀前半のアヴァンギャルドは、結局のところ「美術制度」によって「美術の歴史」の中に回収されてしまった。美術館で展示され、本来の目的は骨抜きにされた技法や様式が模倣されるようになってしまったのである。反芸術という批判的意図をもって始まったアヴァンギャルドが、逆に芸術に仕えることになった状況は、アヴァンギャルドの挫折と見なせるだろう。

ポスト・モダニズムの美術とニュー・アート・ヒストリー

一九六〇年代に純粋な抽象美術への到達を宣言したグリーンバーグのフォーマリズムが美術のモダニズムとして認められるや否や、そのアンチとしてのポスト・モダニズムが起こった。物語性を強調した具象絵画や、既存の作品をそっくり流用することでオリジナリティへの信奉を否定する作品群がその典型とされる。しかし、注目すべきは芸術と生との境界線を乗り越えようとする企図が継続していることである。身近な日用品やその広告をそのまま作品にしたポップアートは資本主義社会の消費文化を見つめる冷めた視線そのものであり、一方で一部のコンセプチュアル・アートは、作品のコンセプトを簡潔な言語で表示し、誰もが自由にそのコンセプトを実践するのを促すことで、ごく少数の富裕層が作品を占有するアート市場のシステムに一矢報いようとする。

一九七〇年代には美術史学においても方法論の刷新が起こった。アメリカやイギリスで創刊された美術史の雑誌『オクトーバー』、『リプリゼンテーションズ』、『アート・ヒストリー』を舞台として、「ニュー・アート・ヒストリー」を掲げる美術史家たちが現れた。彼らは、近代の美術史学も「芸術のための芸術」を標榜して、作品を政治や経済や大衆文化における受容といった社会的コンテクストから切り離していたことや、美術史学の制度内にも主流を形成し、傍流を排除しようとするアカデミックな硬直があったことを自省する。そして美術と美術史学に内在していた問題として、例えばフェミズムの視点から男性中心主義を、ポスト・コロニアリズムの視点からは植民地を表象する作品や植民地の芸術の扱い方に潜む西洋中心主義を批判的に検証するのである。

美術とわれわれの生の結びつきを重視するこの傾向は、二〇〇〇年代以降もますます強まっている。個人としてのリアルな生を美術に反映させようとするだけではなく、パブリック・アートのように社会の中で美術はどうあるべきかが議論され、そしてアートをつくることと見ることを介して、社会や他者と積極的に関わっていく方法が模索されている。現在を生きるわれわれにとっての「美術」の意味やそのための方法も、これまでとは違ったかたちで求められつつあるのだと言えよう。

参考文献

ウード・クルターマン『芸術論の歴史』神林恒道、太田喬夫訳、勁草書房、一九九三年
ロバート・S・ネルソン、リチャード・シフ編『美術史を語る言葉——22の理論と実践』加藤哲弘、鈴木廣之監訳、秋庭史典、北村清彦、田中正之、米村典子訳、ブリュッケ、二〇〇二年
ヴァーノン・ハイド・マイナー『美術史の歴史』北原恵、吉城寺尚子、田中久美子、保井亜弓訳、ブリュッケ、二〇〇三年

4　美術教育と人類学

小野 康男

美術教育に関わる学問として、人類学の名をあげることは、奇異に映るかもしれない。人類学の名称はきわめて多様な著書・研究で用いられており、そもそも人類学を定義すること自体困難である。しかし、逆に見れば、人間に関する総合的な学問として、そしてまた、学問領域を横断する学問として、従来から美術教育との関わりも深い。たとえば、美術教育でもたびたび参照されるホイジンガ［1872〜1945］やカイヨワ［1913〜1978］の遊びについての研究、そして『遊ぶことと現実』（一九七一年）におけるD・W・ウィニコット［1896〜1971］の移行空間や移行対象の議論は芸術活動の人類学的モデルを提供しているとも言える。

アートから人類学へ

現在、美術との関係で人類学が注目される理由の一つは、一九九〇年代頃から顕著になったある一人の美術史家に対する再評価の高まりであろう。美術史研究の拠点でロンドン大学に付属するウォーバーグ研究所の設立者として高名なアビ・ヴァールブルク［1866〜1929］である。ヴァールブルクは、ボッティチェッリの《ヴィーナスの誕生》と《春》に関する研究、そしてそれに続くフィレンツェ美術の研究で知られるが、一九九〇年代における注目は、むしろ、美術史学の枠組みを越えた学問構想によるところが大きい。美術史家ロベール・クラインが「実在するが、名前なき学問」と呼ぶその学問について、ヴァールブルク自身は歴史心理学とも文化科学とも呼んでいる。

ヴァールブルクは、一八九五年から九六年にかけてアメリカを旅行し、先住民の居住地に深い関心を示した。一九二三年、重篤な精神の病から奇跡的に帰還したヴァールブルクは、自らの学問的能力の回復を証する講演「蛇儀礼」において、先住民の描画や儀礼を考察し、蛇の図像を通して、ギリシャの古典古代やキリスト教の文化と関連づけた。地域と時代を越えた連想を学問的に基礎づけることは、実証性や科学性を重視する現代の学問観からすると難題であるが、ヴァールブルクにとって、自然現象など人間の生存を脅かす事態を、象徴を用いて制御していくという人類学的課題が問題であった。

おおよそ一九九〇年代以降、美術の研究においてヴァールブルク的関心を引き継ぐものとして、イメージの人類学と総称される動向が生まれる。代表的研究者として、デイヴィッド・フリードバーグ、ハンス・ベルティング、ジョルジュ・ディディ＝ユベルマン、日本では、田中純、岡田温司といった人の名前をあげることができる。共通するのは、他者、喪失、死といった、美術教育でも近年取り上げられることの多い、否定的なものの力という人類学的価値とイメージが取り結ぶ関係に向けられた眼差しである。解釈すべき対象としてというよりむしろ、フリードバーグの著書『イメージの力（The Power of Images: Studies in the History and Theory of Response)』（一九八九年、The University of Chicago Press）の表題からもうかがえるように、イメージを作動する力として捉える視座をもつ。

ヴァールブルクは、情念定型《パトス・フォルメル》の名のもと、情動を掻き立てるとともに、情動を鎮めるイメージの力に注目していた。イメージは毒であると同時に薬でもある。これは、美術教育が情操教育に関わるとすれば、留意すべき論点である。

人類学――他者の発見

人類学は、一九世紀以降、文字をもたない、いわゆる未開社会を対象に研究を進めてきた。一般的な手順としては、調査者が言語を習得しつつ、神話・伝承・儀式・婚姻関係・命名規則などを記述し、それを他の部族・他の地域の調査者による記述と比較・照合しながら、たとえば、アマゾンといった広域レベルの特性を明らかにし、他の広域レベルの地域との差異を考察していく。以上二つの段階は、それぞれ民族誌学、民族学の段階であり、これが人類的規模に拡張されるとき、人類学となる。この段階において、人類学的考察は、マルク・オジェの『同時代世界の人類学』(一九九四年)という表題が示唆するように、地域的な差異のみならず、同時代の空間・時間の中に差異を見出す発見的方法ともなっていく。人類学は他者の発見、他者との社会関係設立のための学問であると言えるだろう。

一九世紀から二〇世紀にかけて、美術の世界は大きな領域の拡張を見た。これをグリーンバーグのように、マネにはじまり抽象表現主義に至るモダニズム的展開として理解することもできる。しかし、よりいっそう美術教育に関わりが深いのは、シュルレアリスム的とも言える受容であろう。この時期、アフリカの仮面、彫刻などの部族美術、現在はアウトサイダー・アートに含まれる精神病者の美術、そして子どもの美術が発見され、シュルレアリストたちの熱狂を引き起こした。これらは、美術作品と呼ぶよりはむしろ、人類学的対象と呼ぶほうがいいだろう。美学主義的なシュルレアリスムに対抗して社会学的な方向性をもっていたジョルジュ・バタイユ[1897〜1962]は、一九二九年から三〇年にかけて美術雑誌『ドキュマン』を主宰した。同誌には、美術史家、美術家、詩人とともに、多くの人類学者が寄稿した。美術は、二〇世紀半ば以降も自らの境界を拡張しつづけ、現在では、ほとんど境界をもたず、「何でもあり」と揶揄されるまでに至る。今日、日本語で「美術」や「芸術」は使うことすら困難な言葉になり、かろうじて「アート」という言葉が生き残っている。

人類学からアートへ

一九九〇年代、美術の研究においてイメージの人類学と総称される研究動向が顕在化してきたほぼ同じ時期、人類学もまた視覚的表現への関心を高めてきた（主導学問に関して、構造主義が言語論的転回と言われたように、九〇年代はイメージ論的転回とも人類学的転回とも呼ばれる）。イメージを神話などの言語的理解に資する補助的な道具と見なすのではなく、デイヴィッド・フリードバーグがしばしば引用されるように、重点はイメージの「力」にある。ここでは二人の人類学者を取り上げておこう。アルフレッド・ジェルは、遺著『アートとエージェンシー（Art and Agency: An Anthropological Theory）』（一九九八年、Oxford University Press）において、西洋近代の芸術概念を人類学に適用してきた従来の美学的姿勢に反して、「人類学的に」アートを分析することを提案した。彼にとって、そしておそらく人類学の目的を「全体的社会的事実」の解明としたマルセル・モースにとっても、人類学の目的は、文化ではなく、それを支える社会関係の解明にある。ジェルが「アート・オブジェクト」と呼ぶ対象に文化的、象徴的、美学的意味や体系のみを求めることは、むしろ人類学にとって死を意味する。文化はそれだけで存在するのではなく、それを支える社会関係が存在しなければならない。

たとえば、伝統美術や伝統音楽に関する教育を考えてみればいい。伝統的な対象を今でも実効的なものにしている社会関係が存在しなければ、それは歴史的な知識を集積するにすぎない。一方、伝統的な対象でなくとも、伝統的な対象がかつて果たしていた社会関係を支える対象があるとすれば、社会関係を作動させるアート・オブジェクトとなるだろう。ジェルの分析装置を忠実に翻訳すると詳細な説明が必要となるので、「エージェンシー」を「作動」と読み替えて、簡単に見ておこう。アート・オブジェクトは何らかの社会的な作動を生み出す限りで存在する。作動は、作動の主体と客体の社会的関係を設定する。学校教育における生徒の作品は、課題を与える教師と課題を受ける生徒の社会的関係の作動を明らかにする。しかし、教師が過去の美術作品を手本として提示したとすれば、それは生徒のみならず、教師をも作動の客体とする。生徒同士で作品の鑑賞を行うなら、生徒間の関係の可逆的な作動を発動させる。以上、もっとも表面的なレベルでジェルの考えを紹介したにすぎない。しかし、現在、教育において、絶対的な正解のない事態に向けて協働的な学習が求められているとすれば、そして、美術教育がそうした学習について先駆的な試みを行ってきた自負があるとすれば、作動を考察することは、学習者に対する評価も含めて、美術教育にとって有益なものとなる可能性がある。

いま一人、注目に値する人類学者は、現在コレージュ・ド・フランスで「自然の人類学」の講座を担当するフィリップ・デスコラである。デスコラは、『自然と文化を越えて（Par-delà nature et culture）』（二〇〇五年、Éditions Gallimard）において、自然を普遍として前提し、文化の差異を論じる従来の人類学を批判し、人間と自然の関係そのものの差異に着目し、人間が世界と取り結ぶ存在論的関係として、アニミズム、トーテミズム、ナチュラリズム、アナロジズムの四つをあげ、二〇〇六年から二〇〇七年にかけて、これら四つの存在論と造形との関係を主題として、「形象化の諸様態（Modalités de la figuration）」という研究を行った（同研究は二〇〇九年から二〇一一年に開講された「イメージの存在論（Ontologie des images）」に引き継がれる。両研究とも未出版であるが、講義録がインターネットでアクセスできる)。芸術・美術に代わる言葉として、ここでは「イメージ」ではなく、「形象化(figuration)」の言葉が用いられる。フランス語の「フィギュール(figure)」は実に訳しにくい言葉であり、苦肉の策として、形象という言葉が訳語として用いられることが多い(英語のフィギュアはそもそも訳されなくなった)。「言葉の綾」という意味も含め、何らかの仕方で目に見えるようにしたものと捉えればいいだろうか。これをあえて「造形」と訳せば、美術と造形の間で揺れ動く美術教育と人類学が共有する課題が感知されるだろう。

ジェルは極端かつ滑稽な例をあげている。彼は自動車の所有者のほとんどが自動車に人格を認めると述べ、自分の所有する自動車が深夜自宅から遠く離れた場所で突然故障したとすれば、自動車を作動主体としてその裏切り行為を想定するとしている。アニミズムや呪物崇拝への退行であろうか。そうではない。少なくとも、それだけではない。ジェルが依拠するチャールズ・サンダース・パースの記号論において、アブダクション(仮説的推論)という方法論が存在する。説明しがたい状況を前にして、そこに因果関係を見て、作動主体を想定する人類共通の性向による仮説的推論がアブダクションである。水不足の解消を、雨を呼ぶ雷に結びつけ、人間の関与する地上の世界と関与しえない天上の世界を稲妻状とも階段状とも見ることのできる蛇の形象を媒介として降雨をもたらそうとする蛇儀礼と、自動車の悪意をののしるジェルの態度に違いはない。少なくとも、こうした作動を成立させている社会的関係は分析の対象となる。デスコラの存在論的区分は、自然を人類にとって同一のものと見なし、人間の文化のみに差異を認める西洋近代のナチュラリズムに対し、別種の自然との関係を認め、それらが西洋近代をスタンダードとする現代社会のさなかにおいてさえ作動していることを分析していくための手掛かりとなる。

子どもに向かって

アート・オブジェクトを媒介としたミニマムな社会的関係を、ウィニコットの移行対象を例に、考えてみよう。移行対象とは、子どもが見出し執着する対象である。たとえば、チャーリー・ブラウンにおいて、ライナスが手離すことのない毛布を思い起こせばいいだろう。ライナスが現実的に毛布を創造するわけではない。むしろ、これはシュルレアリスムの「見出された対象（found object）」である。赤ん坊は、こうした対象を自らの創造物として体験し、その創造性によって個人は「人生は生きる価値がある」と感じるようになる。この生きるに値する人生という考えは、フランスの哲学者ベルナール・スティグレールがその著書の表題『人生を生きる労苦に値するようにするもの（Ce qui fait que la vie vaut la peine d'être vécue: De la pharmacologie）』（二〇一〇年、Flammarion）で言及することによって、あらためて現在的な息吹きを得た。

人間は、誕生後、長い保護期間を必要とする。保護的な環境から自らを分離して、個体化していくこと、これは、通過儀礼に見られるように、西洋近代のみならず、人類学的な課題と言っていいだろう。ウィニコットとスティグレールの議論を合わせて考えれば、子どもは、母子未分化と言われる環境との融合から出発し、個体性を獲得していく。その際、移行対象によって、失われた融合環境との分離と結合の両者を表現し、それを自己の鏡として内面化することによって、個体性を獲得する。これは一度きりの出来事ではない。家族、地域、学校というように、新たな他者の出現に応じて自らを可塑的に変形していく。子どもはその都度、個体性を形成する社会的関係を形成し直さねばならない。移行対象は、赤ん坊と母親の関係を媒介するだけでなく、芸術作品の起源となり、精神性の起源となる。

人類学は、個人や家族のレベルに還元されるおそれのあるウィニコットやスティグレールの発想に、不可逆的に社会関係を刻み込む。かくして、人類学の寄与を受け入れる美術教育は、近代西洋を絶対視することなく、アート・オブジェクトを媒介とする社会形成を実践する教育となる。人間と世界との結びつきの多様性を認識するにとどまらず、多様な世界を媒介する活動を産出する教育となるのである。

参考文献

D・W・ウィニコット『遊ぶことと現実』（改訳）、橋本雅雄、大矢泰士訳、岩崎学術出版社、二〇一五年
岡田温司『ミメーシスを超えて――美術史の無意識を問う』勁草書房、二〇〇〇年
マルク・オジェ『同時代世界の人類学』森山工訳、藤原書店、二〇〇二年
田中純『アビ・ヴァールブルク　記憶の迷宮』青土社、二〇〇一年
雑誌『現代思想』は、二〇一六年、二〇一七年と立て続けに人類学の近年の動向を紹介する増刊号を刊行した。「総特集　人類学のゆくえ」（二〇一六年三月臨時増刊号）および「総特集　人類学の時代」（二〇一七年三月臨時増刊号）

5　美術教育と心理学

大橋　功

美術教育が、単に美術についての知識や制作のための技能を獲得させるものに留まらず、精神的に健康な人格を育て、人間としての完成に至る過程において不可欠な営みとして理解されるようになったのは、高々この一〇〇年程度のことである。その先駆となったのは、一九世紀末頃から欧米を中心に展開された新教育運動に見られる児童中心主義の教育観であった。そして、子供理解への関心が高まる中、そこに大きく寄与したのが、当時はまだ新しい科学として台頭しはじめた心理学であった。本章では、美術教育を子供理解に基づいた教育たらしめてきた心理学との関係について概観したい。

児童中心主義と美術教育

心理学が日本の教育において広く注目されるようになったのは、第二次世界大戦後である。しかし、その布石となったのは、大正期に展開された「自由教育運動」、美術教育で言えば「自由画教育運動」である。フランスに留学していた山本鼎［1882～1946］が、その帰途にロシアで見た児童画等に触発され、もっぱらお手本を模写するだけの臨画に頼る当時の美術教育を批判し、写生を中心に子供に自由に表現させる教育を主張したのが自由画教育運動であった。

自由画教育運動は、大正デモクラシーを追い風に隆盛をみた「大正自由教育運動」の流れとともに全国に広がりをみせていった反面、「写生画だけで美術教育は成立するのか」「教えてはいけないと言うが、それでは教師は何をするのか」といった批判も多く生まれた。写生の技術指導や放任放縦のような、誤った自由画教育の理解による教育現場の混乱も批判のやり玉に挙げられた。

こうした批判に対して、理論的に説得力をもてなかった山本は、その議論に疲弊し、一九二八（昭和三）年には自由画教育運動の打ち切りを宣言してしまう。その後も児童の自由な自己表現を重視する美術教育の実践は受け継がれていったが、次第に色濃くなる戦時色とともに衰退していった。

一方、同時期に自由主義の美術教育を展開したのが霜田静志［1890～1973］だった。彼は、澤柳政太郎［1865～1927］が先進的な教育をめざして創設した成城中学校の美術教師として西欧流の新しい美術教育を実践した。彼はまた、イギリスの教育家A・S・ニイルの研究に取り組み「自由教育」に傾倒していった。後に直接ニイルに薫陶を受け、フロイトによる精神分析学を学んだ霜田は、山本が成しえなかった理論的な説得力を美術教育に与えることができた。霜田は、美術教育のみならず、教育における子供理解や教育のあり方そのものに、精神分析学や臨床心理学の視点を持ち込んだ最初の日本人であるとも言える。また、彼が日本に初めて紹介したとされるフランツ・チゼック［1865～1946］の美術教育論は、第二次世界大戦後の美術教育の展開に大きな影響を与えた。かくして、美術教育を子供の立場から捉えようとした自由画教育運動は、心理学に理論的基盤を置いた戦後の創造主義の美術教育へと引き継がれていったのである。

創造主義の美術教育思想と心理学

創造主義の美術教育は、フランツ・チゼックにより拓かれた。チゼックは、子供たちが学校で描かされている絵と、街角の板塀に自由に描いている絵がまったく違っていることに気づき、子供自身が創造性を内包している存在であることを発見した。大人のものの見方や考え方に立ち、大人の方法を子供に押しつけるような教育であってはならないと考えた彼は「子供たちをして成長せしめよ、発達させ、成熟せしめよ」という単純明快な命題を、実践を通して証明していったのである。こうしたチゼックの美術教育は、昭和初期には、霜田静志らにより日本に紹介されており、後に日本での創造主義美術教育運動を主導した久保貞次郎［1909〜1996］らに大きな影響を与えた。

久保貞次郎は、戦後いち早くチゼックに関する文献を翻訳し、「創造美育協会」（以降「創美」）の理念的土台として紹介した。創美は「子供の創造性を尊び、美術を通して創造力を健全に育てる」、「古い教育を打破し、新しい考え、新しい方法で進歩した美術教育を推進する」、「あらゆる権威から自由であり、世界の同士と協力しよう」とその綱領（主旨）に掲げ、戦後の国家主導による実用主義的傾向や権威的様相を批判し、真に子供理解に根ざした「人間教育」としての美術教育の実現を唱えた。

創美はまた、チゼックの美術教育論とともに、それを裏付ける理念として、例えばフロイトの精神分析学やユングの深層心理学などに学び、子供を抑圧から解放し、自己表現を尊重することによる創造性の伸張を主張した。ともすれば、チゼックが自らの美術教育に心理学を応用し、それを創美が取り入れたと考える向きもあるが、チゼックに長年寄り添い『チィゼックの美術教育（Child Art）』（一九四二年）を執筆し、その業績を世に知らしめたヴィルヘルム・ヴィオラによれば、チゼックの「子供の発見」とそれに基づく実践が先にあり、それに心理学の研究が続いたのだというのである。

いずれにせよ、多くの教育学者や心理学者の関心を集めたチゼックの美術教育は、瞬く間に創造主義の美術教育として世界に広がっていったのである。言いかえれば、新教育運動、児童中心主義、創造主義といった新しい教育の流れは、チゼックという先覚的実践家を得て、当時の最先端の人間理解の科学であった心理学の台頭とともに美術教育に新たな地平を拓いていったと言っても過言ではないだろう。

自己表現と創造性

創美が唱えた「古い教育」とは、形式的な外的能力や実用的な技術を高めるための教育を指している。そして「新しい考え、新しい方法」とは、まさにチゼックの「子供たちをして成長せしめよ、発達させ、成熟せしめよ」との言葉のとおりであり、フロイトの精神分析学に依拠した「抑圧からの解放」を目指すものであった。それは、子供の自己表現を引き出し、創造性を養っていくために、まず基本的な衝動や本能を抑圧しているものから解放するところに焦点化された。

創美の主張であった自己表現の重視と創造性の涵養は、次第に公的な教育にも影響を与えるようになる。その理論的な土台を提供したのがハーバート・リード［1893〜1968］である。彼は、その著『芸術による教育』（一九四三年）において、個性の伸長と社会性の涵養という、教育が目指すべき相反する目的を高次で統合させ得る教育は、「審美的教育(Aesthetic Education)」であるとした。彼は、芸術心理学、フロイトの精神分析学、ユングの深層心理学などを巧みに引用し理論化した。とりわけ、当時のマルクス主義が、芸術をブルジョワ社会の産物と断じたのに対して「芸術は意識の展開と同時に発展していく心理学的過程である」とし、人間が生まれてから成人するまでの発達の過程と表現の関係を示し、芸術のもつ教育的意義を明らかにしようとした。

リードの思想は、芸術の過程そのものが教育であり、教育の過程は芸術の過程を通して行われるべきである、というささか急進的なものであったが、自己表現や創造性というものが、単に芸術のためのものというのではなく、等しくすべての人が、その人間性を確立していく上で必要なものであるという、今日の美術教育観の基盤を形成した点でその功績は小さくない。

児童画への関心と発達理論

リードとともに戦後の美術教育に影響を与えたのがヴィクター・ローウェンフェルド［1903〜1960］である。彼は、その著『美術による人間形成――創造的発達と精神的成長』（一九四七年）で、児童画の発達を「なぐり描き（二〜四歳）」、「様式化前（四〜七歳）」、「様式化（七〜九歳）」、「ギャング・エイジ（九〜一一歳）」、「疑似写実的（一一〜一三歳）」、「青年期の危機（一三〜一七歳）」の六段階に分けて示している。

たとえば、「なぐり描き」期における一見意味のない点や線、大人の写実的な見方からは「稚拙である」「誤っている」と思えるような子供特有の表現を、子供のものの見方や感じ方が直接的に反映されたものであり、その保障こそが子供の健全な発達を促すと指摘した。

心理学的側面からの子供理解については、一九〇〇年頃から多くの心理学者や教育学者により、さまざまな角度から研究されてきた。とりわけ児童画への関心は高く、一八九五年にはイギリスのジェイムズ・サリーが『児童期の研究（Studies of Childhood）』において、児童画の発達段階を分析し分類している。さらにG・H・リュケは、自分の娘が描いた絵の分析を基に、体系的な発達段階理論を導いた。リュケは、子供の写実は目の前の対象を写し取るのではなく、予め自己の内面に存在するイメージとしての「内的モデル」と重ねようとするのだと指摘し、ピアジェの発達心理学にも影響を与えたと言われている。他にも、児童画の発達についての心理学的研究は数多くなされてきたが、いずれも、適切な子供理解に基づいた美術教育の必要性を示唆するものであった。ローウェンフェルドの研究成果は、ピアジェによる「発生的認識論」や、エリクソンの「心理社会的発達理論」など同時代の発達心理学とともに、これらの先行研究の積み重ねの上に成立している。

個性的表現の理解

発達と表現の関係とともに強い関心が向けられたのが、個性的表現の理解である。子供の側から教育を捉え直そうとした創造主義の美術教育からは「本物そっくり」を求める写実性偏重への批判があった。逆に、「のびのびと」「大胆に」といった子供らしい表現をステロタイプとして求めるような状況も見られた。いずれも、子供を使って教師や大人のもつイメージを表現させようとするものであり、自己表現における個性的表現への理解が不十分であると考えられたのである。

たとえば、作品を写実性の視点から批判的に捉えるようになる青年期になると、自らの表現に行き詰まりを感じるようになる。ローウェンフェルドは、こうした状況を人間の正常な発達段階の一つの表れと理解するが、写実性を求めるような視覚的な表現への偏重が、この行き詰まりを助長すると考えた。人には、視覚的に捉えたものをそのまま再現的、あるいは客観的に表現しようとする「視覚型（Visual Type）」と、体感的に感じ取ったものを主観的に表現しようとする「触覚型（Haptic Type）」があり、またその両方の特性を持ち合わせる「中間型」があるとした。たとえば、視覚型の子供が得意とするような写実的な表現を「触覚型」の子供に求めても、自分のイメージには合わないため困難感を高める要因となる。特定のタイプの表現を一様に求めるのではなく、それぞれの表現のタイプへの配慮が必要であるというのである。

リードもまた、個性的表現の理解について言及している。ユングは、思考、感情、感覚、直感の四つの心的機能と心的エネルギーの方向である外向―内向を掛け合わせて気質を八つに分類している。リードは、それらと近代美術における描画表現の類型とを対応させ、個性的表現は、気質の多様性に基づくものであり、子供の表現の多様性をその個性に基づくものであると理解し、受容することが、個性伸張の教育において重要であるとした。

科学的な人間理解と美術教育

ここまで概観してきたのは、一九五〇年代までのものであり、今となっては古典的だと言われるかもしれない。しかし、科学的な人間理解に基づく教育を目指した先見的な取り組みが、今日の美術教育の土台を築いてきたことは事実である。その後のポスト創造主義の美術教育においては、たとえば、ギルフォードによる「拡散的思考」「収束的思考」を繰り返す「創造的思考」の過程を美術の発想や構想の過程に取り入れる創造性開発の視点からの試みや、欲求を階層的に捉え、低次の欲求が満たされることでより高次の欲求を欲するというマスローの欲求階層論を背景に、自己実現の過程を美術の学習過程として構築する人格形成の視点からの試み、あるいは造形遊びや学び合いの視点からヴィゴツキーの、今日の「共同（協働）的な学び」の考え方の基となる、教師や仲間の援助を受けることで学ぶという「社会構成主義」の発達理論を取り入れた授業づくりの試みなど、心理学を背景にした美術教育の実践的な研究が進められてきた。また、一九八〇年以降は、それまで知能は一元的に捉えられていたが、八つの知能の作用により個性を形成するというハワード・ガードナー［1943〜］による多元的知能理論（ＭＩ理論）のように、創造性を知能として捉える認知的アプローチも注目されている。

このように、心理学は、科学的な人間理解に基づく人間完成のための教育として美術教育の教育的意義を裏付けてきた。今後も、大脳生理学などの脳科学を含めた幅広い認知科学の発達とともに、美術教育の重要性とそのあり方が、さらに明らかにされていくと期待される。

参考文献

ハワード・ガードナー『多元的知能の世界――ＭＩ理論の活用と可能性』黒上晴夫監訳、日本文教出版、二〇〇三年
モリーン・コックス『子どもの絵と心の発達』子安増生訳、有斐閣、一九九九年
Ａ・Ｈ・マスロー『人間の完成――マスロー心理学研究』誠信書房、一九八八年

6　近代社会の変容と美術教育

佐藤　哲夫

個人と社会

自己表現としての美術という見方は、今日もなお一般に支持され続けている考え方である。この美術観は、近世、近代と時代が下るにつれて徐々に生まれてきたと考えられるが、自我の形成を前提として、個人主義に後押しされつつ強化されてきた。西洋では市民革命と産業革命により、また日本においては後発ゆえの外圧要因が大きかったにしても、人は伝統的な共同体から分離され、そこに「個人」が形成される一方で、数々の問題を抱えた「社会」が意識されるようになった。

美術教育の現場では、個性、自己といった個人に注目が集まり、個人と表現の関係がもっぱら議論されがちである。しかしこの個人は、ひとり自足した存在ではなく、社会との緊張関係の上に相互作用し合う存在である。明晰に意識されずとも、自己表現の美術観は、それ自体が社会に対する態度や感じ方の表出である。このことは、社会学の主題でもある。ここでは広義の社会学の知見を参照しながら、今日の社会と美術教育の関係について考察する。

社会学は、社会を研究する学問であるが、社会とは人同士の関係のあり方のことなので、人と人の関係や個人と社会の関係を究明しようとする学問であると言うことができる。人の意識と行動を研究する学問としては心理学があるが、社会学は人を他者との「関係」において捉えようとするところに特徴がある。とはいえ、社会学は心理学や哲学、政治学など、他の分野の知識も取り込もうとする自在な柔軟さを身上としている学問である。対象領域も広大である。また、客観的観察者としての分析で終わる研究がある一方で、主に言論の場において現今の社会問題に対して積極的に関与していく姿勢を見せることもある。

個人と社会では、どちらを主要な原因と見るかで二つの見解がある。一九世紀後半から二〇世紀初頭にかけて活躍し、社会学の基礎を築いたヴェーバー［1864〜1920］とデュルケーム［1858〜1917］以来の立場の違いでもある。「理解社会学」の創始者であるヴェーバーは、個人個人の意思や行為が集まって社会が出来ている（「社会名目論」）と考えて、個人の動機の理解から出発して社会や制度が生まれてくる過程を描き出そうとした。方法論的個人主義と呼ばれる立場である。それに対してデュルケームは、「社会実在論」を主張した。まず社会が先にあり、この社会が個人の思考や行動に有機的に働きかけるのであり、これが様式化された時に初めて一つの社会的事実になるとした。こちらは方法論的集団主義と呼ばれる（最近のルーマン［1927〜1998］の「社会システム論」は個人、社会ともにシステムであるとするので、必ずしもこの立場とは言えない）。二つの見方は、一方が正しいというものではないことは、ミード［1863〜1931］の自我の構造に照らしても納得される。子どもは、親兄弟など「重要な他者」との相互行為から、他者の反応を先取りし、更には敷衍《ふえん》して、「一般化された他者」の期待に沿った「役割取得」の内面化によって自我を形成する。この自我のことを「客我（me）」という。しかし自我は、他者期待の自主的引き受けのみでは満足出来ない部分を含んでいる。

「客我」に反発し異を唱え、これを変えようとする側面が必ずある。この主体性が「主我（I）」である。このような考え方は、自己を静かに観照されるべきものとしてではなく、内省的な「行為」と捉え、自己における社会性のダイナミックな相互関連性の次元を主張するものである。

自己表現や自己探求としての美術は、たとえ非社会的に見えても、それ自体が社会性の表れである。美術教育は、子どもの表現の意味を包括的に理解するために、社会学的知見や方法を役立てることが出来る。

近代をどう捉えるか

社会学と近代

人と社会の相互的な関係の解明を目指す社会学が第一義的に研究対象とするのは、美術教育と同様、「今」の事象と状況である。歴史的には、西洋において狭義の近代が生まれたのは、一八世紀末から一九世紀初頭の市民革命と産業革命の時期とされる。しかし、美術や思想文化におけるモダニズムが顕著になったのは、第一次世界大戦頃からであり二〇世紀後半まで持続した。モダニズムのこの時期は、一九世紀の近代的な社会変革の推進が、工業や都市の発展という果実とともに、社会矛盾や精神的混乱をもたらし、「近代とは何か」という問いに皆が否応なく向き合わざるを得なくなった時代である。社会学という新参の学問が生まれたのも、この文脈においてである。この時期は、近代産業社会がもたらした負の側面をいかに乗り越えるかという課題に対して、思想、イデオロギー、ユートピアなど「大きな物語」（リオタール［1924〜1998］）に期待が寄せられていた。それは、社会を総体として把握し、そこに所属するすべての人を解放へと導くと想定されるメタ理論であり、物語である。しかし、二〇世紀の終盤になると信憑性を喪失し、その希望は潰えた。この状況変化に対して、当初はこれを断絶と捉えるポストモダンという認識が生まれたが、近年は、むしろ近代化の徹底が進行しており、近代の終わりは見えないとする認識が拡がった。その場合には、近代は、大きく質を変え新たな様相が生じているとされる。ギデンズ［1938〜］やベック［1944〜2015］はそれを「第二の近代化」あるいは「再帰的近代化」と呼び、それまでの「単純な近代」における近代化の果てに、近代化が再帰的に自己にまで適用され、組織も個人も自己決定出来る（ギデンズ）、あるいは強いられる（ベック）ようになったとした。また、ほぼ同じ事態を指す、個人がますます「個人化」する近代の新しい様相を、バウマン［1925〜2017］は「流動的近代《リキッド・モダニティ》」と呼び、それ以前の「固体的近代《ソリッド・モダニティ》」と対比した。いずれにしろ今日の近代化の特徴は、個人の価値や意識を形成するための参照枠が失われたことによるそれらの多様化と、政治、経済、科学や社会の諸領域が共通基盤をもつことなく、自システムの合理性のみに従って自律性を高めながら展開することである。社会は、絶え間なく流動化し、個人は再帰的に個人化していく。固体的近代において、国家や組織で、安定的形態の維持を可能にしていた正当化主義や基礎づけ主義が破産し、人間の主体性は「曖昧で不確実な私」に席を譲り、すべてが相対主義の波にのまれ、唯一目的を失った合理性だけが社会を牽引する原動力となっている。

このような近代の様相の現状が、美術教育では「何を、何のために、何を根拠に行うのか」について、もはや共有された説得力ある見解の一致が見られないことに関係しているのは明らかである。しかし、失効したとされる啓蒙的理性、人間の主体性といった大きな物語も、もともとは近代化する社会の負の側面である社会規範の崩壊や疎外といった危機に対処すべく求められたものである。現実の中で有効性が否定されたのだとしても、動機そのものが解消されたわけではないことは心に留めておく必要がある。

美術教育における近代の受容と批判のせめぎ合い

近代の美術教育は、モダニズム芸術の個人主義的ヒューマニズムを教育のそれに重ね合わせつつ形成されてきた。これが、教育の内容と方法においてモダニズム芸術の形式と方法を主として取り入れた理由である。モダニズム芸術は、抽象美術を生み出したことからもわかるように、フォーマリズム（形式主義）と、「物自体」は知り得ず、経験世界の認識全体は主観（自我）の制限下にあるとしたカント的立場に立つ個人主義の芸術である。フォーマリズムは、表現する内容が高貴であるとか感動的であるといったことが芸術には必須であると見なす古い考え方を排し、造形要素がどのように形式へと形成されるか／されているかのみが芸術にとって重要だとする考え方である。これが意味することは、芸術が政治的イデオロギーや既存の社会、経済、文化における序列の秩序への依存を逃れて自律性を獲得することである。このような芸術を追究しようとする芸術家は、自立した個人主義的な生き方を理想とする近代人でもあった。そして個人主義は、戦後の教育が目指した民主主義的人間像がそこに根ざす性格でもある。

個人主義は、国家や社会に対して個人の意義と価値を重視し、その権利と自由を尊重するものとされるが、ルークス［1941〜］は、①人間の尊厳、②自律、③プライヴァシー、④自己発展の四つの意味合いを併せ持つ複合的な概念であるとしている。戦後美術教育がモダニズム芸術を重視してきたのは、戦後の個人主義を核とする教育理念に正しく適合的であったからである。

しかし前項で触れたように、七〇年代後半以降、このような大きな物語としてのモダニズムが急速に説得力を失っていった。市場主義的政治・経済が強まるなかで、学校は、意味基盤を喪失する。イリイチ［1926〜2002］の「脱学校論」は、学校が価値の制度化をもたらし、人間の想像力を言わば学校化しているとした。福祉国家社会が帯びてしまう価値の一元化とその強制が、個人の自律や個性を妨害するという逆説である。その後、世界経済の成長の恒常的鈍化によって、大きな政府の福祉国家に代わって小さな政府を理想とする新自由主義が勢いを増すようになると、今度は自由の名の下に、教育格差と経済的発展目的の教育内容の編成が進行する。イリイチの危惧とは反対に、もはや学校は、一人一人の子どもの内面に踏み込むことを避け、唯一能力や努力の結果である業績のみを問う「メリトクラシー」(ヤング〔1915～2002〕)に基づくようになる。そして、子どもはそれに適応し、自由や自律の価値に実感がもてなくなっている。

他者とのコミュニケーション

他者としての芸術

芸術を、それ自体社会的事象として捉えるのが、「芸術社会学」である。しかし、モダニズムに代表される近代の自己意識的芸術は、大衆芸術や「キッチュ」(「際物・まがいもの」のことであるが、美術評論家のグリーンバーグ〔1909～1994〕では「見せかけの芸術」のこと)のように社会の中から自ずと生まれたり当該社会に対して単に適応するだけでなく、社会から身を引き離してそれに対抗しようとするものであった。それが、アヴァンギャルド(前衛)としての身振りになったり、人間の非理性、あるいは物質や機械、自然への関心になったりした。先に、モダニズム芸術の個人主義を核とする人間主義的側面について見たが、一見反人間主義的とも見えるこれらの芸術は、大きくは芸術が社会に対して批判的な距離を取ろうとする姿勢の表れであると見なせる。

アドルノ〔1903～1969〕は、大衆の好みに迎合する「文化産業」を批判し、しばしば難解として非難される抽象美術、フォーヴィスム、シュルレアリスムなどのモダニズム芸術こそが、「自然と文明の宥和」というユートピアを通して、人間と社会のあるべき関係の意識を呼び覚ます啓蒙的役割を担いうると考えた。

すべての人が全面的に官僚制的分業と効率的合理性の追求を至上の行動原理とするようになる時、ホロコーストを可能にした全体主義的状況が生まれる。それ自体は非理性的な最終目的でも、一度受け入れられたとなれば、あとは課せられた部分目標をいかに合理的に効率的に達成するかということだけが問題となる。そこでは、感じ方や価値の違いは取り除かれなければならない。異質な他者は、合理性の貫徹の阻害要因だからである。こうした、近代の根本的な合理主義の落とし穴に落ち込まないように、モダニズムの芸術は、外には自然主義的リアリズムの外部を求め、内には無意識など表現主体である他者の探究を行った。

近代の社会への埋没を望まないモダニズムの芸術は、自己意識的、内省的であらざるを得ない。このことが、芸術の思弁性を高め、芸術論や批評などの言論活動を促進することにつながった。そして、モダニズムの美術教育をも刺激した。モダニズム芸術の他者探究の姿勢は、そのまま美術教師が子どもに求めるべき理想像のモデルとなっていた。自由で誠実な表現の追究が、良い社会を志向する主体的で自立した子どもを育てることに繋がると見られた。

しかし、一九七〇年頃から、主体的に外の世界を探究しつづける美術教育の理念は次第に形骸化し虚構化していく。たとえばモダンテクニックと呼ばれている表現がある。これらは、モダニズム芸術が理念を可視化するための試みであった。コラージュは、制度的なものとなっている芸術という絵画の秩序に、日常や機械メディアなど非芸術の異質な要素を呼び込むことで遠近法による既存の自然主義的絵画秩序を壊し、新しい秩序を探究しようとしたものである。しかし今では、美的な表面効果を付加するための一手法でしかないにも関わらず、教えつづけられている。今日の美術教育は、大きな物語の失効を前提として、小さな意味を求めるしかないからである。

コミュニケーションとしての美術教育

大きな物語が失効したポストモダン社会において、個人は生産的な主体であるよりも、与えられた選択肢の中から選ぶ消費者に近づく（ボードリヤール［1929〜2007］）。モダンテクニックも、消費の対象である。このような中で、権力は人々が常に「監視されている」と意識することで実質化するものから、「監視されることを望んで監視される」（バウマン）時代へと変わってきている。強制は影を潜め、回避や逃避が主要手段になる。個人は、権力に何も強要されない代わりに、自ら為した選択の責任を他人や社会に負わせることも出来なくなる。新自由主義的教育のように、これをよしとする考え方もある。しかし、このような個人の「個人化」（バウマン、ベック）は、利己主義の貫徹を正当化し、人を孤立化させるとともに、個人の意味を無化しかねない。今日の芸術に、コミュニケーションを主題にした「参加型」のものが増えているのは、この課題に関係していると考えられる。また、美術教育における「造形遊び」など、仲間との関わりを重視する題材の増加も同様である。しかし同時に、オンラインゲームやマーケティングの世界でも、「参加」や「コミュニケーション」は、消費の対象として需要が高まっている。

「社会化の諸形式」として「相互作用」に注目したジンメル［1858〜1918］の先例はあるものの、コミュニケーションは、これまで社会学が、あまり取り上げてこなかったテーマである。また、取り上げる場合は、それを規制している暗黙の規則の解明の方に注意を払ってきた。しかし、人と人とのコミュニケーションは、型に嵌まったものだけではなく、さまざまにニュアンスを変化させながら交わされるものでもある。ハーバーマス［1929〜］の社会理論は、世界のシステム化に対抗する鍵として、権力が金を用いた「戦略的行為」とは異なった、自由な話し合いによる了解を志向する「コミュニケーション的行為」の重要性に光を当てた。

近代の課題が、依然として個人と社会の望ましい関係の模索であるとして、その模索の焦点は移動しつつあるのかもしれない。大きな物語に一定の信憑性が感じられていた固体的近代にあっては、社会は一つの統一された全体として捉えられるべきものであった。しかし、流動的近代では、「社会」は複雑で変幻する多数の面を持っていて、そのイメージは拡散せざるを得ない。その中で生きていくしかない個人は、何らかの仮想された「共同体」を求めるか、自分だけを頼りに自己のアイデンティティを構築するしかないのであろうか。しかしもう一つ「他者」という存在がある。人は、他者と対話することが出来るし、他者のために生きることも出来る。むしろ、自分のためだけに生きることこそ不可能である。これは道徳の根源の問題でもあるし、芸術の問い直しの問題でもある。個人と社会の関係というテーマは、個人と他者の関係へと関心を移動させ、人間にとってのコミュニケーションの意味に光を当てはじめている。社会学にとっても美術教育にとっても、重要なテーマになってきていると言える。

参考文献

ランドル・コリンズ『脱常識の社会学　第二版——社会の読み方入門』（岩波現代文庫）、井上俊、磯部卓三訳、岩波書店、二〇一三年
J・ハーバーマス『近代　未完のプロジェクト』（岩波現代文庫）、三島憲一編訳、岩波書店、二〇〇〇年
ジャン・ボードリヤール『消費社会の神話と構造』（新装版）、今村仁司、塚原史訳、紀伊國屋書店、二〇一五年

7　「感性」と美術教育

ふじえみつる

芸術教育は「感性」だけを育てるのか？

美術教育などの芸術教育は「感性」を育てる教育だと言われる。では、「感性」と対比させられる「知性」を育てないのか？　結論から言えば「感性」も「知性」も育てる。教育とはもともと、「感性」や「知性」などを含む知情意のバランスのとれた人間形成を目的とした営みだからである。芸術教育も例外ではない。現行の学習指導要領（二〇〇八・平成二〇年告示）の「図画工作編解説」でも、『感性』は、様々な対象や事象を心に感じ取る働きであるとともに、知性と一体化して創造性をはぐくむ重要なものである」と説明されている。

その上で、芸術教育において「感性」がより強く主張されるのには理由がある。芸術教科は、言語教育や科学教育など存在理由が自明の教科とは違い、学校での教科としての正当性を主張する必要があった。言語教育や科学教育との違いを際立たせるために、教科の独自性としての「感性」を強調してきた経緯がある。その根拠には、美術をふくむ芸術活動は、知識の集積や記号・数字の知的な操作によって合理的な推論などを行う「知性」のはたらき方とは異なる、知的な合理性を超えた「美」という理念を求める人間の心（精神）のはたらき方であり、「美的＝感性的」な教育を行うという考え方がある。

しかし、「反・知性＝感性」でもないし「反・感性＝知性」でもない。「感性」も「知性」も、人間の精神のはたらきであり、認知する（感じる、見る、知るなど）能力として互いに補完しあうことはあっても排斥しあうものではない。また、「感性」対「理性」という対比がなされることもあるが、「理性」は道徳的な価値判断に関する能力で「知性」とはまた別の概念である。本章では「知性」に対する「感性」という枠組みで「感性」を考えていく。

認知の能力としての「感性」と「知性」

「感性」と「知性」は、ともに人間の精神が「何か」を認知（認識）する能力である。それは、はたらくことで、より高められ発達させられる能力である。認知（コグニション）とは〈考えたり経験したり感じたりすることで、知り、理解する精神のはたらき〉と考える。

認知科学者で芸術の研究を進めている米国のハワード・ガードナー［1943～］は、「知性（インテリジェンス・「知能」と訳されることもある）」には、「言語的」「数理的」な「知性」だけでなく、「音楽的」「身体的」「空間的」、さらには「社交的」な「知性」も存在するという「多元知性論」を提案している。ガードナーはこうした多元的な「知性」を短絡的に学校での教科と対応させてはいないが、音楽的知性、身体的知性、空間的知性が、音楽、ダンス、視覚芸術という芸術分野と関連づけられるとき、すべての教科が「知性」の育成に関わっていることが想定される。こうした理論から、私たちは、人間には多様な能力があり、それらのバランスがその人の個性となり人間形成につながっていくことを知ると同時に、音楽や視覚芸術を扱う芸術教科が多様な「知性」を育むことを確認できる。

もちろん、「感性」と「知性」は、現実には用語として使い分けされているように、まったく同じ意味ではない。では、どこが違うのか？　それは主に認知の方法（手段やプロセス）の違いであり、その結果として認知の対象も異なってくる。「感性」も「知性」も、個体としての人間が、身のまわりの環境との接触のなかで生き残るための情報を取得するための認知活動として、発生的には同じ系統にある。「感性」も「知性」も、分けること、差異化するというはたらきから始まる。個体にとって安全なものと危険なものの区別から始まり、幼児期の自己と他者との区別、視界の「図と地」の区別などへと展開する。

「感性」との比較という観点から「知性」の特色をみると、「知性」は、あいまいな出来事や現象（カオス）のなかで、相異なる事実を見つけてそれらをグループ分けし、さらに同じグループのなかで相異なるものを分析して要素に還元し、それらの要素を操作して人間の頭の中にある概念や理念のもとで一つのシステムとして再構成していくというプロセスをたどる。人間の音声が、単純な一つの叫び声から、その声の大きさや調子の違いによって聴き分けられ、さらにそれぞれの意味をもった音節に分節化されて一つの言語システムとして成立していくプロセスがその一例である。分析され抽出された要素が記号や数字となり、それらの操作の洗練や高度化が「知性」の発達とされる。それは、時間軸にそって一定方向に進んでいく発達のイメージであり、人間は徐々に賢くなっていくという〈進化〉の思想に適合するものである。

「感性」も、やはり何かを分けるという認知のはたらきから始まる。ただ、視覚でいえば「図と地」の知覚（図1）のように、その認知は、特定方向への〈進化〉ではなく、行きつ戻りつ、進んだり後退したりを繰り返す反転の契機

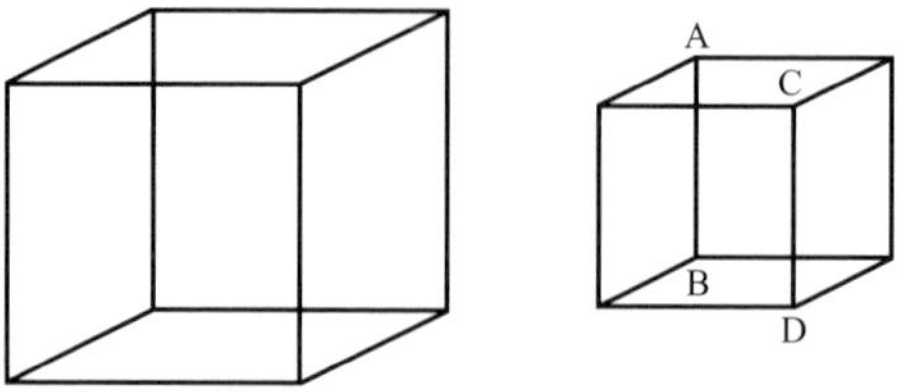

図1　ネッカーの立方体

線分 AB と線分 CD との前後関係が反転することで、
手前にくる面が入れかわる

（モーメント）を含んでいる。それは、〈いま、ここ〉のリアリティを感じ取る認知の能力と言える。

「感性」のはたらき方

「感性」は、〈いま、ここ〉での体験のリアリティにこだわる。〈いま〉という瞬間は、時計の時間軸では計れない時間である。数学でいう「点」が現実空間に広がりをもたない純粋な位置を示すように、〈いま〉という瞬間は理論的には過去でも未来でもない「時間の点」である。逆に言えば、〈いま〉では過去と未来が未分化であり、過去と未来が同居している。また、空間的な〈ここ〉と「あそこ」の違いは、〈ここ〉には自分がいて「あそこ」には自分はいないことである。自分がいてこそ〈ここ〉があるという主観的に定位される場所が〈ここ〉であり、「感性」による認知は、主観的な相対性をもつ。その主観的相対性は「感性」のはたらき方の強みであると同時に弱みにもなる。

「感性」の認知としてのはたらき方には、感覚レベルで差を感じ取るというセンスのはたらき（センサー）から、それぞれの異なる事象や分離されたものの間に通底するベースを感じ取る直観力、さらに人間同士の共感力にいたるまで多様な形態がある。ここでは、美術教育の指導上の観点から、「感性」のはたらきとして五つの類型を提示したい。

①センサーとしてのはたらき

センサーとして違いを感じ取ることは感受性ともいわれる。新緑の季節の写生では、青緑、緑青、黄緑といった同じ「みどり」色のあいだの微妙な差を、どれだけ感じ取ることができるかが問われる。音楽においても音色（ねいろ）の差を感じ取るセンスが求められる。センサーとしての感覚は身体経験を通して鋭敏さを増し、より繊細なニュアンスの差が認知できるようになっていく。この「感性」のはたらきは、どれだけの差、つまり、多様性を受け入れられるかという受容能力（キャパシティ）と関わるもので、その能力は、規格化された人工の世界ではなく、多様で変化にとんだ自然環境に触れることで鍛えられる。

②感じ取られた感覚内容に意味を与えるはたらき

感覚や行為を通して認知された形や色と、そこから連想されるイメージや解釈された意味とを結びつける知覚としてのはたらきである。ここではたらく「感性」には、視覚的な造形感覚だけでなく、身体感覚や触覚（質感）、聴覚などの諸感覚が動員される。同じ形の繰り返しからリズムやパターンを感じたり、色彩に温かさや冷たさを感じたり、自然から生命を感じたりする認知である。二〇〇八（平成二〇）年告示の図工・美術科の学習指導要領で示された「共通事項」での、色や形をとらえイメージをもつことなどは、こうした認知と重なる部分がある。

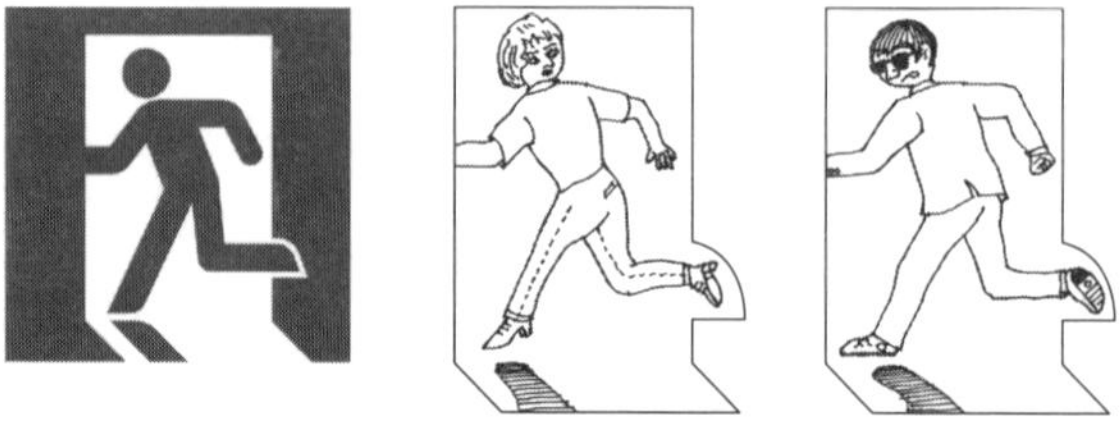

図2　記号としての「ヒトの形」から個別の姿をイメージする

③既知や未知のものを総合するはたらき

「感性」は〈いま、ここ〉でのリアリティにこだわることは述べた。〈いま〉には過去や未来が折り込まれていて、〈いま、ここ〉で知覚され感じ取られたものと、既知の記憶や未知の想像されたイメージとを主観的につなげ総合する「感性」のはたらき方である。そうして総合されたものが共有されて、「♡」が「愛」を表し、羽の生えた時計が時間の経過する速さを表したりするように、象徴（シンボル）や隠喩（メタファー）として定着していく。こうした「感性」のはたらきが、眼に見えず言葉で記述できない抽象的な概念やアイデアを、色や形で感じ取られるように表現する活動を導く。

中学校では「火」という漢字を炎の色や形で表すなどの「感字」といわれる題材があるが、漢字の「山」からその象形の源となった具体的な山の姿をイメージするように、抽象化された記号の源になった具体物や事象をイメージし、過去の原形へと遡源する「感性」のはたらきもある。非常口を示す標識で記号化されたヒトの形から、その具体的な人物像、男か女か、どんな服装かなどの個別性をイメージし、その記号に一般化される前の元の姿を主観的に復元する能力も、人工的な記号に囲まれたメディア社会のなかで求められる「感性」のはたらきである（**図2**）。

漁師が雲や風を観察して海の天候の変化を知る「観天望気」のように、

〈いま〉知覚できる兆候を総合して予感する「感性」は、自然保護やエコロジーの教育にも、気温や海面上昇という数値データの背後にあるリアリティを実感させる。鳥も鳴かない花も咲かない「沈黙の春」から、来るべき未来の姿をイメージした生物学者のレイチェル・カーソン［1907〜1964］は、「知る」ことは「感じる」ことの半分も重要ではないとして、感性（「センス・オブ・ワンダー」＝自然の神秘を感じる心）の大切さを主張した。

④形式と内容、全体と部分とを総合するはたらき

たとえばゴッホの風景画を見て、そこに緑色の葉をつけた糸杉が描かれていることを認知する場合を考えてみよう。その過程において緑色を見ることが先か、木の形を見ることが先かと問われたとき、何と答えるか？　後先の問題ではなく、色も形も同時に見ていると答えるであろう。色という内容と木の形という形式を、まさに〈いま・ここで〉、総合（シンセサイズ）することで糸杉として認知しているのである。音楽でも、たとえば、同時に響き合うド・ミ・ソの音をシンセサイズして「一つの和音」として感じ取る場合にも同様の感性のはたらきがあげられる。

一方、「a＋b＝c」という数式は、リンゴ三個にリンゴ二個を加えると合計五個となるという関係性の形式を表している。この「a」や「b」がミカンであっても人間であっても自動車であっても、つまりどんな内容であっても数式＝形式はなりたつ。「知性」は、このように内容と分離された形式を操作するはたらきをすることが「感性」との違いになる。

「感性」は、「知性」のように部分（要素）を全体（システム）に従属させるはたらきではなく、部分と全体とを総合するはたらきであることを確認したい。

⑤人と人とをつなぐ「コモン・センス」としてのはたらき

英語の「コモン・センス」は「常識」と訳されるが、「コモン＝共有、センス＝感覚」という意味で、人間はそれぞれに他者と共有できる共通の感覚をもっているという考え方に由来する。この感覚が「感性」としてはたらくとき、自分と他者、個人（部分）と社会（全体）との間の共感によるコミュニケーションを可能とする社会的「感性」となる。脳科学では、他人の行為を見ただけで、その行為の動作をしたのと同じ反応を示す脳の部位、「ミラー・ニューロン」があるとされているが、「コモン・センス」の裏付けとなるかもしれない。

「感性」と美術教育

「感性」のはたらき方を試みに五つの類型に分けた。研究会や指導案の作成で「感性を育む」とか「豊かな感性を培う」と掲げるとき、漠然とした感性一般ではなく、目標や評価の観点として具体的にどのような「感性」を想定していくのかの参考にしていただければと思う。二一世紀型能力として重視されるコミュニケーション力も、美術教育では「共有感覚」をもとにした「感性」をはたらかせることで、共感的コミュニケーションを学ぶように指導できる。

また、ここでは「感性」と「知性」とを意図的に対比させてきたが、実際の美術の授業では、言語による記述や説明、作品批評、手順の理解、安全性など、教師・生徒ともに「知性」をはたらかせる場面も多く、「知性と一体化して創造性を育む」ことが必要である。大脳損傷患者は医者が眼鏡を含む五種類の品物を並べて「この中で、眼鏡はどれですか」と聞いてもわからないが、「ちょっと、眼鏡をはずしてくれませんか」と言うと、たいていの場合、自分のかけている眼鏡をはずすという。ここに、「知性」による認知と身体感覚も含む「感性」による認知との違いをみることもできる。日本の職人の「勘」や、科学者のマイケル・ポランニーの言う、言葉にはできないが、暗黙のうちに新しい法則や原理を感知する「暗黙知」などもこうした「感性」のはたらきが関係している。

最後に一つ、これは既に本書第一章でも指摘されているが、たとえば英語の「エスセティック（aesthetic）」は「美的」ではなく「感性的」と訳されることが多くなった。この語の最初の和訳者の頭には、西洋では神の現れとも結びついた超越的な「美」という理念の認知に限定されるというイメージがあったので「美的」と訳したが、現在では、特定の認知対象に限定されずに、「知性」と補完しあう不可欠な認知のあり方として「エスセティック」の意義が認められてきた結果、「感性的」と訳されるようになったと推察できる。これは美学の大きな課題でもあるのでここでは推察にとどめる。

参考文献

アーサー・D・エフランド『美術と知能と感性――認知論から美術教育への提言』ふじえみつる監訳、日本文教出版、二〇一一年
行場次朗、箱田祐司『知性と感性の心理――認知心理学入門』福村出版、二〇〇〇年
三浦佳世編『現代の認知心理学１ 知覚と感性』北大路書房、二〇一〇年
宮脇理、山口喜雄、山木朝彦『〈感性による教育〉の潮流――教育パラダイムの転換』国土社、一九九三年
山本正男『感性の論理』理想社、一九八一年

「カシャ！」っと自分で言うところが大切です。その場（ベンチなど描きやすいところ）で、すぐに現像（スケッチ）します。上手にスケッチすることが目的ではありません。ズームも白黒も、ピンボケでも、何も写っていない！でも、なんでもありです。

写真用の紙は数枚ずつ、輪ゴムなどで持ちやすくとめて子どもたちに渡します。

3）アルバムをつくる

色画用紙を冊子状にして写真（スケッチ）を貼り、自分だけのアルバムをつくる。みんなで写真を持ち寄り、大きな模造紙に園内マップをつくる活動なども良い。

アルバムは、たくさん用意した色画用紙から自分で好きな色を選んでホチキスでとめ、冊子にします。そこに写真をどうレイアウトするかを楽しんだり、挿絵や表紙を描いたり、自由に展開させます。一人ひとりの発見やアイデアを大切に受けとめます。

所感・子どもたちの声など

廃材工作は幼児が大好きな活動ですが、5歳児くらいになるとそこに「テーマ」や「目的」を持って楽しむことができます。一人ひとりの写真を全部とおして見ると、それぞれの思いが一つの視点としてつながっていくのがよくわかります。写された写真（スケッチ）やアルバムは、大人が思うような立派なものではないかもしれませんが、子どもたちの美意識や、その子の興味・関心がまっすぐ向かう先が大いに感じられることでしょう。

想定したゴールを押しつけても楽しい活動にはなりません。逆に、ただただ自由にという活動では、新たな挑戦の機会がなくなってしまいます。また、子どもたちの関心を考慮せず、モノをつくらせないアート体験のようなものばかりでも、大人の思い込みだけの造形活動になってしまいがちです。ぜひ保育者も小さな穴を覗いて、自分自身の興味を探してみてください。大切なことは、子どもたちの目線に寄り添い、描きつくる過程を一緒に遊び、共感することです。保育者自身も造形の時間を大いに楽しみましょう。

カメラをつくって、さつえいに行こう！

対象　5歳児

活動時間　工作1時間、撮影1〜2時間ほど（興味が続くあいだくり返す）

馬場千晶

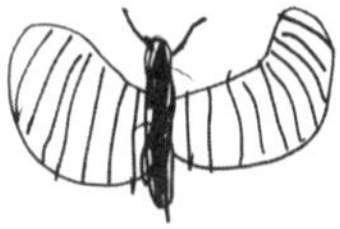

テーマや目的を持って自分なりに廃材工作を楽しみ、自分だけの視点をさがして、たっぷりと遊ぶ活動です。

ねらい

◎身近な素材や道具を自分なりに操り、目的を持って工夫しながら工作を楽しむ。
◎普段見ているモノやコトをあらためて観察したり、発見したりする。
◎自分なりの表現を楽しむ。
◎保育者自身も子どもたちと同じ目線でモノやコトを見て、興味・関心に気づき、それぞれの思いに共感する。

材料・用具

廃材（お菓子の箱、トイレットペーパーの芯など）、ビニールテープ、丸シール、アルミホイル、ストロー、モール、セロファン、色画用紙、ペン、はさみ、ホチキス、写真サイズ（10×13 cm くらい）に切った画用紙、など

実践の流れと指導のポイント

1）カメラをつくる

事前に、お菓子の空き箱などの前と後に 1cm 角くらいの覗き穴を開けておく。導入では「どんなカメラにする？」と投げかけ、思い思いにアイデアを出し合う。例えば、紙筒でレンズを付けたり、アルミホイルでフラッシュ、紙切れをシャッターに……など、試行錯誤を楽しむ。

> 材料や道具の使い方を遊びの一つとして紹介します。カメラの既成概念にとらわれない、自由な発想を促しましょう。

2）さつえいに行く

完成したカメラを首からさげて、園内外や近くの公園などへさつえいに行く。自分が面白いと思ったものを見つけたら「カシャ！」。シャッターを押し、その場ですぐ現像！ 写真サイズの紙に色鉛筆やペンでスケッチする。

アート絵本を鑑賞し、みんなで物語をつくり出す

アニマシオンメソッドを取り入れたアートゲームの実践

対象　小学校2年生
授業時間　1時間
島谷 あゆみ

たり、自分のイメージ（内言）を次々に外言化する姿を褒めたりして、想像の翼を広げられるようにします。それにより、児童は作品をどの向きで鑑賞するかを話し合ったり、くり返し登場するピクトグラムに共通点を見出し物語づくりの手がかりにしたりして、より主体的に気づきを発見するようになります。

3）クラスみんなで物語をつくり出す

ページ順に並び、前場面の物語につながるよう、アドリブで物語をつくり出していく。

終末では、発達段階に応じて接続語などの補助を入れながら物語づくりを見守り、児童が主体的・協働的に鑑賞を深めていけるようにします。

所感・子どもたちの声など

この取り組み後、主体的な鑑賞活動と思われる出来事がありました。安野光雅の『ふしぎな絵』を教室に掲示しておいたところ、額縁が誰かによって逆さに飾られていました。教師の「面白いアイデアだね」というつぶやきを聞いたのか、数人の児童が「1時間、鑑賞の時間をください」と言いに来ました。こうして児童主体の授業が自然な流れで始まっていったのです。

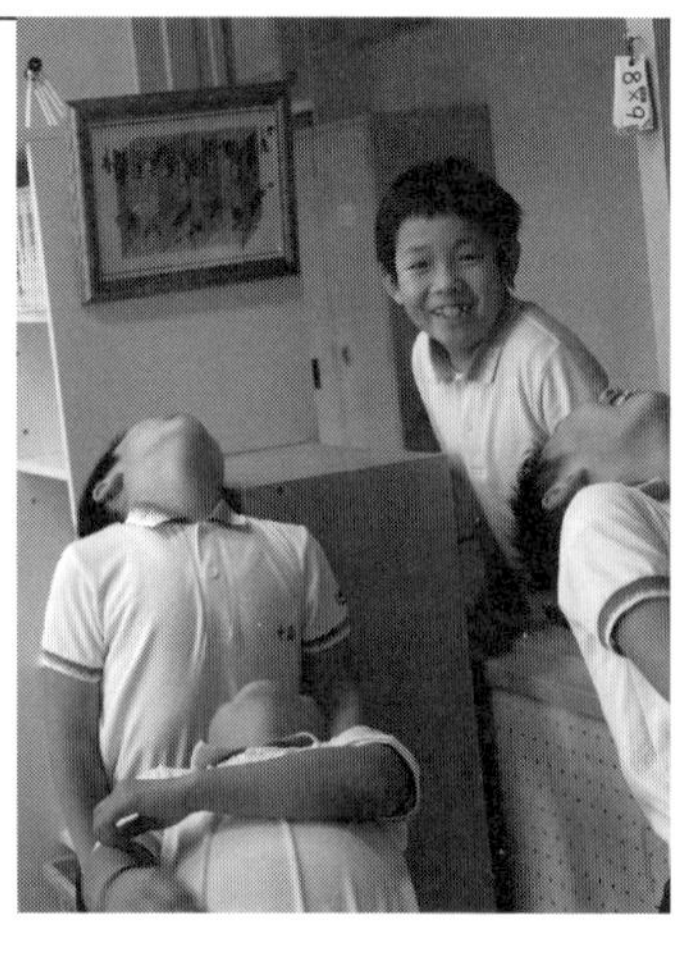

作品鑑賞を楽しむ
『ふしぎな絵本』の上下逆の世界を、体を反らせて鑑賞している

抽象画で構成されたアート絵本を鑑賞し、協働的に物語をつくり出す活動です。読書指導に用いられるM・M・サルトのアニマシオンメソッドを取り入れたアートゲームで、鑑賞経験の少ない児童を、自然に鑑賞活動へと誘うことができます。アニマシオンメソッドは、主体的な学びを深めるための「発見（discover）」型の教育方法で、ここでは「グループで対話をしながら本を読む」手法によって作品をより深く味わえるようにするだけでなく、そこで培われる他者理解が心豊かな人間の育成につながることを目指します。

目標と評価の観点

◎主体的に発見したいという意欲を持つ。

◎色や形や表し方に着目しながら、何がどんなふうに描かれているか考える。

◎友達の感じ方を注意深く聞いたり、自分の感じたことを言葉に表して伝えたりすることでイメージを膨らませ、柔軟に物語を紡いでいく。

材料・用具

蛇腹状のアート絵本『La Fable du Hasard（3つの願い）』（Warja Lavater 作、Adrien Maeght、1968年。実物は手のひらサイズ）の全16ページ分をA3大に拡大コピーして、台紙に貼ったもの。抽象画とピクトグラムで構成されており、自由に発想していくことができる。

実践のながれと指導のポイント

1）全員でアート絵本を鑑賞する

実物のアート絵本をクラスみんなで見ながら、気づいたことを発表し合い、全体像をつかむ。「この絵本には文字がないよ。どんなお話なのかな」、「みんなでじっくり見て、お話をつくり出そう」とめあてを立てる。

導入では、蛇腹状の形状や、文字はなく抽象画とピクトグラムだけが描かれているという絵本の特徴をいかして、児童の鑑賞意欲をひき出します。

2）ペアで鑑賞し、気づきを伝え合う

拡大図版をペアごとに鑑賞し、絵を見て気づいたことを話し合ったり、拡大図版に気づきを書き込んだりして、文字や言葉でできるだけたくさんの気づきを伝え合う。

展開では、部分から本全体をイメージして、円や四角、三角などのピクトグラムをたよりに物語を推測するよう促します。ファシリテータ（進行役としての教師）は、児童が友達の話を注意深く聞く姿を励まし

材料・用具

教師：ペットボトルのキャップ、グループごとの住所プレート、各自の表札、かきべら、切り糸、のべ棒など
児童：粘土、粘土板、粘土べらなど

実践の流れと指導のポイント

1）新町内会発足のお知らせ

粘土を使って新しい町内会を自分たちでつくることを知らせ、意欲を高める（5～10分）。油性ペンでペットボトルのキャップに顔を描き、自分の分身をつくる。

このキャップが、作品の中に入り込む視点の変換をもたらします。

2）粘土を触りながら、想像を膨らませる

低学年から使い慣れた粘土の感触を楽しみながら、どのような形ができ、工夫ができるのかを、つくりながら確かめたり試したりしていく。そして、どのような家に住みたいか、周辺にはどんなものがあったら楽しいのか、考えていく（5～15分）。

「粘土の準備体操をするよ」と投げかけ、粘土を丸めたり伸ばしたりしながら、固くなった油粘土を扱いやすい柔らかさにします。

自分（キャップ）を座らせて、大きさや配置について考え、つくり、つくっては考え、主体的に思考が深まっていきます

3）自分の家をつくろう！

用具や技を生かしながら粘土板の上に各自の家をつくっていく（50～70分）。グループごとに座ることで、友達との自然な交流が生まれ、家と家をつなげはじめる。このタイミングで、粘土板をつなげて町内会にしていくことを提案する。

家をつなげて遊びたくなるように、グループごとに住所をつけます。校区内の地名を少し変えた架空の地名をつけると親しみがわくでしょう。

用具の使い方を振り返るための板書や掲示物、共同の道具コーナーを用意します。

4）友達のまちに遊びに行こう！

「キャップの分身になって、友達のまちに遊びに行こう！」と投げかけ、自分たちのまちづくりが終わったグループから出かけて行く。訪問したお礼として、面白かったところ、よかったところなどを伝えてくる（10～15分）。

所感・子どもたちの声など

授業が終わってもすぐに片付けたがらず、子どもの方から「朝、学校に来たらもう少し遊びたい」と言い出しました。そこで、展示場所を工夫し、休み時間などに遊ぶことができるようにすると、遊び続け、つくり続ける子どもの姿が見られました。自分のまちには、そこで生活する自分の分身の存在があり、物語があるのです。子どもの気持ちや思考を大切にした活動、展示、授業後のあり方などを考えていきたいと思います。

「玄関はこちらですか?」
「この椅子は座り心地がいいですね」
「お隣のお部屋にも行きましょう」
などと会話が弾みます

ねん土マイタウン

対象　小学校3年生
授業時間　2時間

森實 祐里

「住んでみたいまち」をキーワードに、粘土で立体に表していく活動です。この学年の子どもは、想像の世界で遊びながら、その世界を広げていくことができます。個々の自由な想像の世界の実現を目指すとともに、その思いを友達と共有しながら展開する中で、協働することの楽しさや意味を感じ取っていきます。

目標と評価の観点

(〔　〕内は平成29〔2017〕年告示学習指導要領に準ずる)

◎協働しながら想像を広げていくことを楽しみ、その実現に向けて主体的に取り組もうとしている。(関心・意欲・態度〔学びに向かう力・人間性〕)

◎組み合わせた形の面白さを生かして、建物等の形や配置を考えている。(発想・構想の能力〔思考力・判断力・表現力〕)

◎自分のイメージに合わせ、粘土の加工や接合などを工夫している。(創造的な技能〔知識・技能〕)

◎できたまちの様子などについて話し合い、表現のよさをとらえている。(鑑賞の能力〔思考力・判断力・表現力〕)

II　美術教育の歴史と体系

8　子ども観の変遷と美術教育

水島尚喜

「子ども」という対象は、いつ頃成立したのだろうか。例えば『日本書紀』（七二〇年）には、親に対しての子の複数形として「児息（コトモ）」という表記をみることが出来る。あるいは、縄文時代の紀元前約五〇〇〇年頃に作られた、幼子のものと思われる足形が付けられた土版の事例がある。これは近年多数発見され、古代人の心性を解明する貴重な手がかりとして注目されている（図1）。死亡した子の形見として、あるいは今日の「立ち祝い」のような祝福の印として製作されたものが副葬された等の諸説がある。興味深いことに、これらの粘土版には、一つないし二つの穴があけられていて、紐を通して首かざりのように親が我が子のものを身につけていたか、柱などに飾っていた等の可能性がある。そこには親と子の絆や、子どもの存在そのも

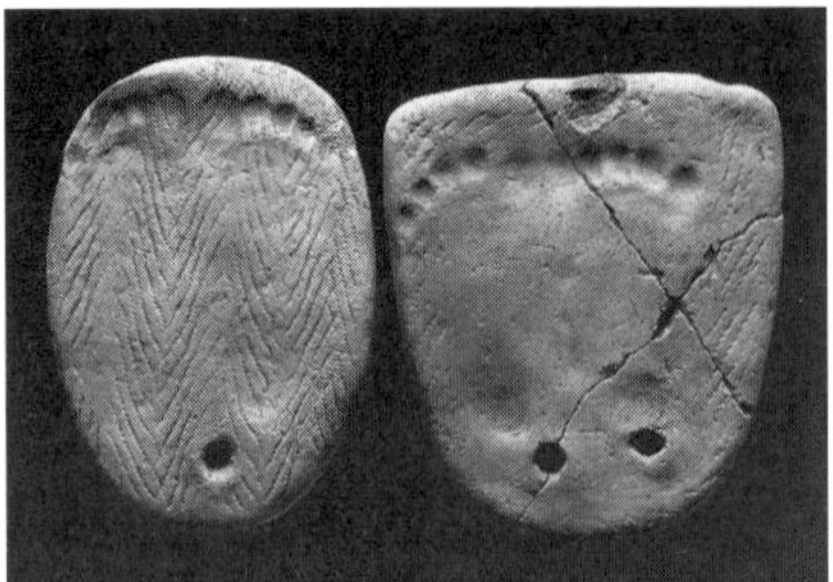

図1　「垣ノ島遺跡足形付土版」函館市所蔵（提供）

のを慈しみ共感的感情を抱く社会の眼差しが垣間見える。

この、子どもをどのような存在として捉えるか、その眼差しの在りようが教育的な営為の基盤となる。美術教育もその例外ではない。本章では、子どもへの眼差しの歴史的変遷と、近代以降の子ども観及び子ども論への関連を概観する。

『〈子供〉の誕生』がもたらしたもの

フィリップ・アリエス［1914〜1984］の『〈子供〉の誕生——アンシァン・レジーム期の子供と家族生活』（一九六〇年、原題は *L'Enfant et la vie familiale sous l'Ancien Régime*）（邦訳は、杉山光信、杉山恵美子訳、みすず書房、一九八〇年。以下の引用も同書より）は、それまで自明のものとしてあった子どもの存在について異議申し立てを行った、ヨーロッパ社会史の古典である。アナール派と総称される歴史学派は、従来の政治史、法政史を中心とする歴史学に対して、日常性を基軸とした社会的な意識のあり方や、歴史学の対象外であるテーマに積極的に取り組んで注目を集めた。『〈子供〉の誕生』は、子どもに関する図像表現、服装、言葉使い、遊び等を観点として、子どもへの見方を相対化することに貢献した。例えば、絵画等に描かれた子どもの図像について以下のように述べる。

ほぼ十七世紀までの中世芸術では、子供は認められていず、子供を描くことが試みられたこともなかった。だが中世芸術における子供の不在は器用さが欠けたため、あるいは力量不足のゆえであるとは考えられていない。それよりはむしろ、この世界のなかに子供期にとっての場所があたえられていなかったと考えるべきであろう。

この著作では、歴史上の二つの子ども観が提示されている。第一は「大人の縮図としての子ども（小さな大人）」という大人との同一視に起因するものであり（中世的子ども観）、第二は子どもへの配慮と愛情を前提とし、子ども期を独自の存在として把握するものである（近代的子ども観）。アリエスが『〈子供〉の誕生』で提起した命題は、子どもというカテゴリーが近代の産物であり、それは中世には存在しなかったということ、つまり、子ども観を中世と近代の二分法によって可視化したことである。

以下のような記述もある。

（……）小さな子供は死去する可能性があるゆえに数のうちには入っていなかったのである。「私はまだ乳呑み児であった子供を二、三人亡くした。痛恨の思いがなかったわけではないが、不満は感じなかった」と、モンテーニュは述懐している。子供はその生存の可能性が不確実な、この死亡率の高い時期を通過するとすぐに、大人と一緒にされていたのだった。

現代のわれわれは、普段、子どもの存在を自明のものとして受けとめている。しかしながら、時々の時代精神や文化差によって、異なった子ども観が出現していることに気づかされる。アリエスは、歴史学のパースペクティブの中に子ども観を相対化し、歴史的所産として子どもを位置づけたのである。

『エミール』の時代と子ども観

一方、近代教育史上の「子どもの発見」に大きな役割を担ったのは、一八世紀のフランスで活躍した思想家ジャン＝ジャック・ルソー［1712〜1778］の著作『エミール』（一七六二年、原題は*Émile, ou de l'éducation*［エミール、または教育について］）に他ならない。ルソーは、近代の自由社会を目指したフランス革命の思想的立役者と言われている。一七六二年に出版された『エミール』は、『社会契約論』と同年の出版である。この教育論と制度論が両輪となり、フランス社会に大きな影響を与えたのである。序文には、辛辣な現状批判とともに、「子どもの発見」と称すべきくだりがある。

> 人は子どもというものを知らない。子どもについてまちがった観念をもっているので、議論を進めれば進めるほど迷路にはいりこむ。このうえなく賢明な人々でさえ、大人が知らなければならないことに熱中して、子どもにはなにが学べるかを考えない。かれらは子どものうちに大人をもとめ、大人になるまえに子どもがどういうものであるかを考えない。この点の研究にわたしはもっとも心をもちいて、わたしの方法がすべて空想的でまちがいだらけだとしても、人はかならずわたしが観察したことから利益をひきだせるようにした。（邦訳は、ルソー『エミール』今野一雄訳、岩波書店、一九六二年より）

この本は、エミールという架空の子どもが生まれてから大人になるまでを、小説形式で生き生きと描写した教育論である。子どもの「内なる自然」を尊重し、自然な成長を促すことを教育の根本であるとした。さらに発達に応じてどのような教育が相応しいかが示され、子どもの発達上の特性を踏まえた教育をすべきであると強く主張した。これは当時にあっては画期的であった。なぜなら、前述したアリエスによれば、ヨーロッパ社会では近代まで、「子ども」という概念は存在しなかったのである。今日においては当然視される、発達段階の存在を裏付ける思想であったとも言えるだろう。人々は一八世紀を迎えてようやく、子ども期の独自性と重要性を認識するに至るのである。

『児童の世紀』と「児童画の発見」

一九〇〇年、スウェーデンの社会思想家のエレン・ケイ〔1849〜1926〕は『児童の世紀（Barnets århundrade）』を著し、その中で子どもへの人間観についての転換を促した。子どもは能力をもつ存在であるという明快な主張は、二〇世紀の児童中心主義に基づく新教育運動の展開に影響を与えた。ケイの考え方は、前項のルソーの思想を受け継いだものであり、素朴な子どもの表現形態を尊重する立場に繋がる。さらに、子ども独自の造形に注目した「児童画の発見者」と称されるチゼックにも大きな影響を与えることになる。

フランツ・チゼック〔1865〜1946〕はボヘミアのライトメルツに生まれ、一八八五年にウィーンの美術アカデミーに入学する。美大生となったチゼックは、下宿の向かいの板塀に描かれた子どもたちの絵（無造作に描かれた落書き）から、子どもの描画活動の重要性を認識したと伝えられている。この有名なエピソードは、チゼックの指導観を喧伝するのみならず、落書きという、社会的には価値のないものと見なされていた子どもの行いが、人間形成の上で有意義であるという意識の転換を象徴するものであった。

その後、一九〇三年に国立美術工芸学校に児童美術教室を開設し、一九三八年まで継続した。一九一九年にロンドンで開催した児童画作品展の好評により、彼の指導が世界的に知られることとなった。

日本においては、後述する戦後の創造美育運動に指導理念上の影響を与えた。さらに一九九〇年に「こどもの城」（東京・渋谷）において大規模なチゼックの実践内容を示す展覧会が開催された。チゼック展のカタログの中でウィーン市立博物館館長ギュンター・デュリーグル博士は、「チゼックは、子供の魂を教師の独自の支配から解放し、子供の想像力を自由に展開させ、子供の発達段階の独自の、芸術的生産活動を、ひとつの完結した芸術領域として、その存在を評価し、促進しました」と、端的にその功績を紹介している。チゼックの有名なクレドである「子供たちをして成長せしめよ、発達させ、成熟せしめよ」は、当時の美術教育に対するアンチテーゼであり、教育的強制力を排除するルソーの教育思想「消極的教育」によって、子どもの本性を保証する立場を明確にした。近代的子ども観に立脚し、自発的な造形行為（自然）を子どもの本質的な活動として位置づけたと言えるだろう。

戦後日本における子ども観

チゼックの指導理念は、国内において戦後の美術教育運動をリードした「創造美育運動」を牽引する基本理念となっていった。一九五二（昭和二七）年に久保貞次郎や北川民次が設立した「創造美育協会」（以降「創美」）は、戦後デモクラシーを背景として自由主義を喧伝し、解放主義による教育を実践した。この創美の考え方は、「子どもには生得的な創造力がある」とするものであり、子どもを大人の抑圧から解放し、既成の技術指導を排除して、創造力の育成を企図するものであった。子どもは、心理的な抑圧からの解放によって生得的な創造力を発現する存在とされた。

この創造主義における子どもの捉えに対し、一九五九（昭和三四）年に全国組織化された「新しい絵の会」では、子どもの現実認識を核とする生活リアリズムを打ち出した。認識主義においては、生活環境との相互作用の中で形成される社会的存在として子どもを位置づけた。よって、創造活動においても、関係性の中で形成される知識や技能を重視する傾向があった。その後の一九六〇年代を中心に展開された創美と「新しい絵の会」をめぐる「創美論争」では、子ども観を争点とした具体的な論議は展開されなかったが、個と社会の振幅の中での子ども観をめぐる二項対立の図式は、美術教育において今日まで持ち越されていると言えるだろう。

一九八〇年代以降

一九八〇年代に入ると、文化人類学や哲学における、いわゆる「感性」(パトス)の復権に呼応して、子ども論が活況を呈するようになる。中でも本田和子《ますこ》の『異文化としての子ども』(一九八二年)は、インパクトがあった。本田は、それ以前の子どもをめぐっての言説が、従来の発達論や教育論を基軸としていたのに対して、子どもという異文化なる存在が、大人の論理や思想を相対化する可能性があることを示した。構造主義を背景にした、社会システムや旧世界観そのものへの異議申し立てであり、制度化された子ども観の解体論であったとも言える。さらに、一九八〇年代以降の子ども論は、現象学的に子どもを理解しようとする動向や、大人と子どもの差異性に着目する視点が顕著であったと総括できよう。

一方、国内の教育課程の変遷をたどってみると、一九八九(平成元)年の「新しい学力観」以降、子ども中心の教育観、学力観への転換が求められてきた。一九九一(平成三)年の指導要録の改訂では、「学ぶ意欲や思考力、判断力、表現力など」が焦点化され、それらの実現状況の評価が基本に据えられた。その中では児童生徒一人一人が、主体的かつ能動的存在であるという視点から、観点別学習状況評価において、全教科に「関心・意欲・態度」という観点が設定され、自らかかわる意欲や主体的な子どもの存在性が強調された。さらに「生きる力」は、第一五期中央教育審議会一九九六（平成八）年七月の答申において示された概念である。「自ら学び、自ら考え、主体的に判断し、行動し、よりよく問題を解決する資質や能力」として、多元的な構成要素が示された。単なる知識だけでなく、主体的に得た知識と体験を結びつけ、その後の学習や、将来にわたって「生きて働く力」として位置づけられた。この傾向は、二〇一七（平成二九）年に改訂された現在の教育課程へも引き継がれている。

「内容の教育」から、「資質・能力への教育」へのシフトは世界的な潮流であり、ルソー以降の近代教育が目指した子どもの自律的な学びへの期待が込められている。国内では一九八〇年代以降、子どもは主体的に学ぶ有能な存在として位置づけられてきた。ただし、今後の予想不能な未来社会において、単なる子ども中心主義は、機能することは難しい。未来を見据えたオルタナティブな子ども観を基盤に、美術教育の再構築を模索しなければならない。

ここに一枚の子どもが描いた絵がある（**図2**）。「お花が笑っているの」とおしゃべりしながら作者は楽しげにこの絵を描いた。われわれはここから何を読みとることが出来るだろうか。この三歳児の認識では、世界は自己と対

図2　「お花が笑っているの」（3歳女児）

立する存在ではなく一人称に基づいている。世界を感覚し、生きる基盤としての身体性を自ら発動しているのである。一方、われわれ大人は世界を対象化し、言分けしながら世界を認識する。その過程で失われるものもある。世界を「共生する存在（Inter-being）」として、わが身の存在内として切実に受けとめる子どもの資質・能力に学ぶべきことは多い。子どもを有能性に欠けた未熟な存在と見なし、発達という観点から引き上げるという視点で形成された教育的感性は、ようやく子どもらしい、否、その子らしいものの見方、考え方、感性に追いつこうとしている。われわれは、常に自身の子ども観に自覚的であることが必要であろう。

参考文献

フィリップ・アリエス『死を前にした人間』成瀬駒男訳、みすず書房、一九九〇年
W・ヴィオラ『チィゼックの美術教育』久保貞次郎、深田尚彦訳、黎明書房、一九七六年
エレン・ケイ『児童の世紀』(冨山房百科文庫24)、小野寺信、小野寺百合子訳、冨山房、一九七九年
本田和子『異文化としての子ども』紀伊國屋書店、一九八二年
クロード・レヴィ・ストロース『野生の思考』大橋保夫訳、みすず書房、一九七六年

9 「臨画」と「自由画」

赤木 里香子

一八七二（明治五）年の学制により創始された近代日本学校教育における図画教育は、手本を模写する「臨画」を中心としていた。これに対し、一九一八（大正七）年に山本鼎［1882～1946］が長野県の神川小学校で行った「自由画」奨励の講演と、翌年同校で開いた児童自由画展は大きな反響を呼び、全国に自由画教育運動が波及していった。このように、臨画と自由画は対立的に捉えられるのが常である。しかし、臨画廃止だけが自由画提唱の目的だったのか。本章では、教科書（臨本）の変遷を確かめた上でその真の意図を探り、美術教育の目的、内容、方法をめぐる課題を提示したい。

鉛筆画時代

ペリー来航を契機に徳川幕府が開いた洋学研究機関「蕃書調所《ばんしょしらべしょ》（開成所）」で行われた西洋画研究は、明治維新後の「開成学校（大学南校などと改称。後の東京大学）」に受け継がれた。この研究には、土木・軍事に関する測量術や、建築・機械製作に関する図法幾何学なども含まれ、文明開化の推進力となることが期待された。また当時、欧米の初等教育には英語で「ドローイング（drawing）」、フランス語で「デッサン（dessin）」などと呼ばれる科目が設置されつつあった。

こうした経緯により、学制期の上等小学科（一〇～一三歳対象）の必須科目に「幾何学罫画大意」、状況に応じて設置できる加設科目に「画学」が置かれ、欧米の図画手引書や手本集を翻訳し、図を引き写して再編した教科書として、川上寛（冬崖）編訳『西画指南』（一八七一年、文部省）、『図法階梯』（一八七二年、東京開成学校版）、山岡成章編『小学画学書』（一八七三年、文部省）が刊行された。

これに続く西洋画的図画教科書を鉛筆画教科書と呼び、幕末から一八八七（明治二〇）年頃までを「鉛筆画時代」と呼ぶ。当初は鉛筆が十分に普及しておらず、石板に石筆で、和紙に筆で練習することもあった。明治一〇年代には宮本三平編『小学普通画学本』（一八七八～七九年、文部省）が刊行され、日本の事物の写実的な図と西洋の図を交えて、人工物・自然物を網羅した博物図鑑のような趣で人気を博した。

同じように一〇～二〇巻からなる鉛筆画教科書が、その後、約一〇年間に次々登場した。それらのシリーズのいずれにおいても、前半は直線、角、曲線や弧線の練習から、三角形、四角形など幾何学的図形の模写へ進み、器物の正面図など簡単なものから複雑なものに至り、後半の巻では、家屋、植物、動物、風景、人物などの図が種類別にまとめられる。前半の初歩段階は、一八〇〇年頃にペスタロッチ［1746～1827］が考案した、形の認識のための教育方法に由来し、後半は、欧米で美術の大衆化を目指して作られた手本集に倣ったものと推測される。

この後半部分の図の質は、小学校中等科（九～一一歳対象）の教科名が「図画」に統一され、師範学校に図画教員が配備されはじめた一八八一（明治一四）年頃から大きく向上した。その要因として、一八七六（明治九）年に工部

図1　『小学習画帖』（1885年、文部省）
第6編 第22図　画：浅井忠

図2　『日本臨画帖』
第16巻 第12図「勿来の関」　画：白浜徴

美術学校の画学教師としてイタリアから招かれたアントニオ・フォンタネージ［1818〜1882］の影響があげられる。彼は、美術アカデミーで使用されていた手本集や石膏像を持参し、臨画と図学を初歩段階で課し、石膏デッサン、人物デッサンから、鉛筆、水彩、油彩による風景写生に進むというカリキュラムを組んだ。教え子のうち小山正太郎［1857〜1916］は、画塾「不同舎」で多くの画家を育て、東京師範学校の図画科整備にも活躍し、浅井忠［1856〜1907］と柳源吉［1858〜1913］（高橋由一の息子）による『小学習画帖』（一八八五年、文部省）は、情緒豊かな絵画的表現を臨本に取り入れた（**図1**）。

このほか、多くの鉛筆画教科書に、著者が自らモチーフを探して鉛筆で写生したと思われる図が盛り込まれている。それらは、当時の日本人が西洋画の表現様式に触れる最も手近な媒体であり、写生への興味を喚起する役割を果たしたと考えられる。

毛筆画時代

急激な西洋化を危惧した政治家や実業家たちは、一八七九（明治一二）年、日本古来の美術の保存・研究・再興を目的とする「竜池会」を結成した。この会で一八八二（明治一五）年、東京大学のお雇い外国人教師のアメリカ人フェノロサ［1853〜1908］が日本美術の優位性を説いたことから西洋画排斥の動きが起こり、図画科の内容も見直しを迫られた。当時、舶来の鉛筆や西洋紙を使うのは図画科のみであり、用具が高価で入手し難いという問題もあった。

そこで一八八四（明治一七）年、文部省に設置された「図画教育調査会」で審議が開始された。委員のフェノロサと岡倉覚三（天心）［1863〜1913］は、普通教育の図画に適した「美術画法」には、柔軟性に優れた毛筆を採用すべきと主張し、科学的な自然認識に役立つ西洋画の基礎となる鉛筆採用を主張した小山正太郎を退けた。

普通教育で毛筆採用の方針を立てるとともに、専門教育における新たな日本美術の創造を目指して、岡倉らは一八八七（明治二〇）年創立の東京美術学校に着任した。一方、一八八六（明治一九）年の小学校令で、四年制義務教育の尋常小学校と高等小学校からなる二段階制と検定教科書制度が開始された。普通教育における西洋画的内容を「鉛筆画」、日本画的内容を「毛筆画」と呼ぶことが定着したのは、それ以降である。結局は鉛筆の普及に伴い鉛筆画教科書も刊行され続けたが、小山によれば全国の五分の四で毛筆画が採用された。そこで、一八八八（明治二一）年の毛筆画教科書発行開始から明治三〇年代半ばまでを「毛筆画時代」と呼ぶ。

伝統工芸の近代化を急いだ京都府や石川県では、いち早く独自の毛筆画教科書が作成され、地元の小学校で用いられ、京都画壇の日本画家たちも積極的に教科書作成に携わった。

東京美術学校関係の日本画家による教科書は、明治二〇年代前半までにフェノロサと岡倉の思想を強く反映し「線・濃淡・色彩」の要素を重視したものが現れ、続いて同校教員の川端玉章、橋本雅邦《がほう》や卒業生の白浜徴《あきら》［1866〜1928］の著作が刊行された（図2）。

それらはいずれも、鉛筆画時代の教科書と同様に線や弧の配合による図形の練習から始まる。しかし、単なる幾何学的図形ではなく、児童が目にしやすい具体物の略画としての意味（例えば、直線の配合で松葉、井戸、鳥居などを表す）をもたせ、各巻に多種類のモチーフを盛り込み、他教科と関連させて段階的に練習できるような構成をとる。同様の変化は、毛筆画時代に刊行された鉛筆画教科書にも見られる。就学率が上がり、学校で児童が実際に使用することを考慮して、モチーフの選択や配列を改良しようとする取り組みがうかがえる。

毛筆画教科書の特徴としては、毛筆ならではの線表現に加え、木版多色刷りで濃淡、色彩が施されている点、伝統的な花鳥、山水、古風な装束の人物といった題材が導入され、古典の引用も見られる点があげられる。

明治三〇年代には、筆法においても伝統を踏襲し、江戸時代半ばから普及した画譜や画手本と区別しにくいものも現れた。この傾向は、児童の使用に配慮して教科書作成に携わっていた西洋画家、日本画家いずれにとっても、後退と見なされる事態であっただろう。

教育的図画時代

一九〇二（明治三五）年、文部省に設置された「普通教育に於ける図画調査委員会」により、就学率九〇％を超えた尋常小学校の図画科で、誰もが図画を学ぶ意義とは何かが検討されはじめた。委員には、一九〇〇年のパリ万国博覧会と同時開催の第一回万国図画教育会議を視察した東京美術学校校長の正木直彦［1862〜1940］、手工教育者の上原六四郎［1848〜1913］、小山正太郎、白浜徴らがいた。彼らは普通教育の図画科を美術家を養成する専門教育と切り離し、日本画と西洋画の表現様式の違いを越えて、鉛筆と毛筆いずれでも達成できる目標を図画科に求め、一般的な用途の広い絵や図を作る能力の育成を目指した。正木と白浜を中心に結成された図画教師の団体「図画教育会」が、普通教育にふさわしい「教育的図画」の研究を呼びかけたことにより、この年から一九一八（大正七）年に自由画教育運動が起こるまでを、「教育的図画時代」と呼ぶ。

正木たちは一九〇三（明治三六）年に始まった国定教科書制度に対応し、翌年、尋常小学・高等小学用『毛筆画手本』『鉛筆画手本』を編纂・発行した。この時、臨画だけでなく「考案画」「記憶画」「写生画」の授業を課すことを前提に、各学年の巻に掲載する図が絞り込まれた。一九〇七（明治四〇）年の六年制義務教育への延長とともに、図画科は尋常小学校三年以上で必修となり、一九〇九（明治四二）年には『毛筆画手本』『鉛筆画手本』が『鉛筆画帖』に改訂された。さらに白浜の欧米留学の成果を取り入れ、阿部七五三吉《しめきち》［1874〜1941］が編纂に加わり、一九一〇（明治四三）年から尋常小学・高等小学用『新定画帖』が発行されはじめた。

『新定画帖』は、鉛筆画と毛筆画を一巻にまとめただけでなく、図案、色彩、透視図、投影図なども加え、従来は臨本そのものであった図画教科書を参考図集に近いものに変化させた。同時に教師用書は、写生画や考案画の指導も含めた綿密なマニュアルとなり、各学年四〇課の「要旨」「教授（問答、観察、描方、注意）」の説明は極めて詳細なものとなっている。

当時、『新定画帖』はどのように受けとめられたのだろうか。一例として、相島亀三郎ほか著『教授訓練に関する実際問題の解決』（一九一三年）掲載の「新定画帖の使用上の注意如何」に注目しよう。同書は『新定画帖』が直線や図形の練習から始める初歩段階を廃したことを、児童の心理に配慮していると評価する。しかし実際に児童に接している教師からは批判も多く、「新定画帖はまだまだ児童の自然にもっともっと近寄らせる余地がある。（……）子供の書く絵は新定画帖の絵よりももっと天真爛漫で面白味のあるものである」といった声が寄せられたことも報告している。

欧米では一八八〇年代に、子どもの描く絵を児童美術として価値づける考え方が生まれた。その先駆者はイギリスの図画教師エベニーザー・クック［1837〜1913］、イタリアの美術史家コッラード・リッチ、フランスの心理学者ベルナール・ペレである。特にクックは一八八五年に児童画の発達段階の設定を初めて試み、手本の模写やモデルを正確に写生させる指導に反対し、子どもの内的自然（Child Nature）の発達の道筋にしたがって観念や想像による自発的な描画を促すべきだと論じた。

白浜と阿部はそれぞれの著書でクックの説に触れ、児童心理を考慮する必要を認めているが、児童美術の称揚はしていない。阿部は、「通常ノ形体ヲ看取シ正シク之ヲ画クノ能」を養う図画科の目的達成には、臨画と写生という二つの方法を関連させ、正確に対象を見る方法、描写する方法を知識として児童に授け、練習させる必要があると考えた。このような教育的図画の方針と『新定画帖』に対し、批判的意見を持つ教師がいたことは先述したように確かである。

自由画教育の使命――美術教育という志

山本鼎は一九〇二（明治三五）年、二〇歳で東京美術学校西洋画科選科に入学し、パリの私立美術アカデミーで学んだ黒田清輝に師事した。卒業後、五年に及ぶ欧州留学からの帰路、一九一六（大正五）年にロシアで農民美術と「児童創造展覧会」を見た経験が、その後の彼の活動を方向づけた。一九一九（大正八）年、最初の児童自由画展趣意書で山本は以下のように述べている。

従来、各小学校で行われた児童の絵画教育は、大体、臨画と写生の二方法でありますが、此処に私が「自由画」と称《とな》えるのは写生、記録、想像等を含む――即ち、臨本によらない、児童の直接な表現を指すのであります。

（……）見本を与えて子供に真似させるよりは、自由に「自然」に放牧して、彼れ等に産ませねばいけません。

このように、小学校で臨画だけでなく写生が行われていたことを山本は認識している。では彼の自由画の主張は、「臨画と写生の二方法」のうち、臨画をやめて写生を主とせよというものなのだろうか。

山本鼎著『自由画教育』（一九二一年、アルス）は、自由画教育運動とともに展開された彼の考えをまとめたものである。なかでも一九二一（大正一〇）年九月、『中央公論』に掲載された「自由画教育の使命」（発表時タイトルは「美術教育」）の前半に注目すると、自由画が何に対する反動であるのかが明確になる。以下、その要点を追ってみよう。なお、（　）内は筆者による補足である。

自由画教育説は全国に広まり〝消し難い火〟となったが、私の主張が美術教育を志すものであり、哲理に根差すものであることは理解されていない。美術家は観る事のよろこびを知っている。美術家でなくとも誰にでも、それを知ってもらいたい。ところが図画教育界は見せない教育を捨てようとしない。日本の図画教育には「方眼紙を用いてお手本を模写さした時代」（鉛筆画時代）、「日本画の画法を練習さした時代」（毛筆画時代）、「和洋折衷の画法を示範した時代」（教育的図画時代）、「創造主義の時代」（自由画時代）という変遷がある。現在なお広く遵守されている「第三期の教案」（教育的図画による教授案）と『新定画帖』にはさまざまな約束が示範され、児童の智恵や技巧の自由な発露を邪魔している。対象を図学的に見させ、描かせる教育が実用的であるというが、狭い職業教育にすぎない。普通教育では「美に対する学問」なり「美の教養」、どういうものが美しいのか、なぜ美しく見えるのかということに気づかせ認識させる「学問の種」をおろして育てていかねばなるまい。それには、抽象され概念化されたものの見方や描き方をやめて、直接、自然を見させ、描かせることで、児童生徒が本来もっている智恵を発揮させ、生長させることである。私は二十何年か前に図画教育の規範を作った人たちを責めようとは思わない。当時にあってはそれでも勇断を伴う大きな前進であっただろう。ただ不服なのは、今日なお、「美の教養に関する一つの背理」が横行していることである。

以上のように山本の批判の対象は、守られ続けている教育的図画の考え方と『新定画帖』が示す見方や描き方であり、図画科の目的が、美感の養成より「通常ノ形体」の観察と描写を優先していること、さらには普通教育において芸術観の涵養が全く顧みられていないという不合理であった。誰もが身につけるべき教養や幼いうちに蒔かれるべき学問の種には、美や美術に関わるものがなくてはならないという主張には、美や美術とは何かという問いが含まれている。

山本は、自由画の反対者たちに、普通教育における図画教育は何のためにあるのかを問い、それは「美術教育」のためだと繰り返した。しかし多くの人々が、彼のいう美術教育を美術家教育あるいは絵画教育と混同し、自由画が重んじる写生を教育的図画の写生、あるいは放任や無指導と同一視した。この誤解はいまだ解消されていないのではないだろうか。

鉛筆画時代と毛筆画時代の図画教科書は、西洋画と日本画の臨本として利用され、これらの美術ジャンルの普及と定着にある程度の役割を果たしたものと思われる。美術という語は一八七二（明治五）年に使われ始めたが、その三〇年後の教育的図画時代には、普通教育における図画教育と美術を専門とする美術家の教育とは異なるものでなければならなかった。さらに約二〇年後の自由画時代、山本鼎は普通教育における図画教育は「美術教育」でなければならないと主張した。それから一〇〇年を経た現在、山本の掲げた「美術教育」という志を、どのように未来につなげていくかが問われている。

参考文献

大坪圭輔『美術教育資料研究』(「第三章第五節　自由画教育運動」参照)、武蔵野美術大学出版局、二〇一四年
要真理子、前田茂監訳『西洋児童美術教育の思想――ドローイングは豊かな感性と創造性を育むか?』東信堂、二〇一七年
ペスタロッチー「ゲルトルートはいかにしてその子を教うるか」『ペスタロッチー全集 8』長田新訳、平凡社、一九六〇年
アルバート・ボイム『アカデミーとフランス近代絵画』森雅彦、阿部成樹、荒木康子訳、三元社、二〇〇五年

明治・大正期の図画教科書の画像の一部については、国立国会図書館デジタルコレクションや各大学図書館等で公開されているデータベースにより検索・閲覧可能である。

10　民主主義と芸術教育

相田 隆司

民主的教育への関心と二つの民間教育運動

民主主義は政治の原理であり、教育を含む社会のさまざまな機能や文化に影響を与えている。また民主主義は理念として描かれる理想であると同時に、私たちの現実世界における感じ方や考え方、そして振る舞い等を規定する枠組み（パラダイム）の一つでもある。こうした諸相をもつ民主主義と芸術教育の関係について、私たちはどのような局面を見据えるべきだろうか。

かつてハーバート・リード［1893〜1968］が民主主義社会における教育の目的について、次のように述べている。

（……）教育の一般的な目的は、個々の人間に固有の特性の発達をうながし、同時に、そうして引き出された個人的な特性を、その個人が所属する社会的集団の有機的な結合と調和させることである。(『芸術による教育』一九四三年)(邦訳は、宮脇理、岩崎清、直江俊雄訳、フィルムアート社、二〇〇一年より)

リードは社会(システム)と人間(個)の調和という理想へと向かう道が「美的教育(Aesthetic Education)」の先にあると語りかけた。第二次世界大戦後、日本の美術教育に関わる多くの人々がこの、「芸術による教育(Education through Art)」と、その先の民主主義的世界への希望を思い描いてきたであろう。この個性化と統合の過程として掲げられた教育、すなわち個性主義の芸術教育の道は、すでに包括的な人間像を語りつづけてきた美的人間たらんとする道と近代教育における人間形成への道、それらを諸科学の成果を取り入れつつ統合し、理想の人間像を提示しようとする道でもあった。二〇世紀の両大戦の惨禍に思いを馳せるならば、個人と社会の調和、その実現を担う人間像が芸術教育にとってもいかに切実なユートピアであったかは言を俟たないであろう。

本章では、日本の芸術教育において、自らの運動によってその理想を実現しようとした人たちの姿を概観したい。「自由画教育運動」と、「創造美育運動」は、それぞれ大正デモクラシーといわれる民主主義の気運が高まった時代に、そして、第二次世界大戦後にもたらされた民主主義が出発した時代に生まれた。

どちらも、民主的な教育への関心の高まりの中で民間教育運動として学校の外側で起動され、権威的な教育を批判したが、歴史的存在としてある時期ピークを迎え、そして縮小していった。これらの運動により示された人間像、その個性と創造性の形成や獲得が話題となり議論されたことは、その後の美術教育の、子どもと、その表現活動の捉え方にも影響を与えた。

大正芸術教育運動・自由画教育運動

大正期、第一次世界大戦（一九一四〜一八年）が終わり、大正デモクラシーと呼ばれる民主主義の気運が高まっていく。教育においても自由や独創性の必要性が官民から唱えられ、大正自由教育と呼ばれる教育が展開された。師範学校附属小学校や私立小学校を中心に新たな教育や方法が試され、兵庫県明石女子師範学校附属小学校主事及川平治［1875〜1939］が、グループ学習と個人学習とを組み合わせた学習形態（分団式動的教育）を取り入れたように、それまでの一方的な教授から児童の個性を尊重する教育への転換のための試行錯誤がなされていった。私立学校の設立も相次いだ。澤柳政太郎［1865〜1927］による成城小学校設立（一九一七・大正六年）、羽仁もと子［1873〜1957］の自由学園設立（一九二一・大正一〇年）、赤井米吉［1887〜1974］による明星学園設立（一九二四・大正一三年）などである。大正八大教育思潮にみられる諸主張は、大正自由教育が獲得した広がりを示している。この児童中心主義に立脚した大正自由教育と同じ志向を持ちながら芸術家たちが芸術を通して改革を進めようとしたのが芸術教育運動であり、詩人鈴木三重吉［1882〜1936］らによる『赤い鳥』の運動、画家山本鼎［1882〜1946］による自由画教育運動等がそれである。

一九一八（大正七）年、鈴木三重吉は児童文学雑誌『赤い鳥』を創刊する。同誌に作品を発表したのは島崎藤村、芥川龍之介、北原白秋、有島武郎、小川未明、山田耕作といった多くの芸術家たちであった。同誌の標榜語（モットー）には次のように記されている（旧字体は新字体に改めた。以下同じ）。

> （……）世俗的な下卑た子供の読みものを排除して、子供の純性を保全開発するために、現代第一流の芸術家の真摯なる努力を集め、兼て、若き子供のための創作家の出現を迎ふる、一大区画的運動の先駆である。（『赤い鳥』

一九一八年七月号）

それまでの「お伽噺」に代わって「童話」を創出し、童心主義を通して子ども期の存在を浮き彫りにした同誌では、綴方のみならず自由画も募集され一九二九（昭和四）年まで刊行された（一九三一年復刊、三五年廃刊）。

一方、山本鼎が一九一六年のモスクワ滞在時にその使命を感じたとする児童の自由画の奨励は、一九一九（大正八）年に児童自由画展（長野県の神川小学校）を開始したことを出発点に、同様の展覧会が各地で開催されることにより「自由画教育運動」として拡張していった。山本は当時の教科書であった『新定画帖』を「安つぽい印刷物」と呼び、模写は子どもたちの個性的表現をふさぐと次のように述べている。

自由画といふ言葉を選んだのは、不自由画の存在に対照しての事である。云うまでもなく不自由画とは、模写を成績とする画のことであつて、臨本―粉本―師伝等によつて個性的表現が塞がれてしまふ其不自由さを救はうとして案ぜられたものである。（『自由画教育』一九二一年）

山本は「小中学に美術教育が無いのは間違つて居る」と述べて当時の教育を批判し、子どもの表現を重視する自由画を提唱した。「美術の命は『創造（クリエーション）』である」と考えていた山本にとって、当時の美術教育がものうつしによる技術習得であったことへの批判である。一九二一（大正一〇）年、日本自由教育協会により創刊された雑誌『芸術自由教育』の中で「文芸教育論」を展開した片上伸［1884～1928］は、当時の教育が実用主義に過ぎ、人間への包括的な視点を欠く点について、「人間生活を全体として生かそうとする意味の教育が殆ど閑却せられている」（『芸術自由教育』一九二一年一月号）と述べて批判している。同誌は短命に終わっているが（同年一一月廃刊）、図画教育への問題意識をもつ山本も片上らと同じく論文を掲載し、それらを後年、他に掲載した論文とともにまとめ、著書『自由画教育』（一九二一年、アルス）として出版した。

山本はその中で、自由画教育運動は、「だゞ、各々の眼で見よ、各々の霊《たましひ》で観よ各々の趣味で統《す》べよ、という哲学的なリアリズム」に立脚すると述べている。また、図画教育を芸術（美術）を基盤とした教育と捉え、「観察、鑑賞、創作、描写一切の生長を各人の智慧と技工の自由に基かしめ」ると述べた。

山本は、「お手本から解放されると、たいていの子供は、彼らのリアールの上に、感覚も認識も技巧も驚く可き発育を見せるものだ」と述べ、子どもが自然からモチーフを得て「実相《リアール》」に基づいて描き表したものには、彼らが感じた美が宿るとしている。

山本の自由画教育運動は、図画教育を技術の習得から、子どもの実相から開始される自発性と創造性を重視する表現活動へと変革しようとするものであったと言えよう。

創造美育運動

第二次世界大戦は、日本がポツダム宣言を受託して終戦となり、ＧＨＱ（連合国軍総司令部）に占領統治される管理政策下の教育が開始された。一九四六（昭和二一）年三月には第一次米国教育使節団報告書、同五月には文部省「新教育指針」が出された。前者は進駐軍による勧告であり、後者は新教育の理念と実践について書かれた教育者用手引書であるとされる。後者はそのはしがきに「教育者が、これを手がかりとして、自由に考へ、ひ《（マヽ）》判しつつ、自ら新教育の目あてを見出し、重点をとらへ、方法を工夫せられることを期待する」とあるように、教師の自主性が求められることが打ち出されている。同年は教育刷新委員会が設置され、教育基本法の制定、学校制度教育行政組織の改革などが検討された。そして一九四七（昭和二二）年三月に学校教育法、五月に学校教育法施行規則も公布され、美術教育では小・中学校に「図画工作科」が誕生し、教科の内容は「学習指導要領図画工作科編（試案）」に示された。この学習指導要領は一九五一（昭和二六）年一二月に改訂され、経験主義的色彩の濃い教育がスタートする。民間の美術教育運動である「創造美育運動」（以降「創美運動」）の母体である創造美育協会（以降「創美」）が設立されたのは一九五二（昭和二七）年である。同年五月、久保貞次郎［1909〜1996］、室靖［1913〜1994］、湯川尚文［1904〜1968］ら二一名により「創造美育協会宣言」をもって正式に設立された。宣言には次のようにある。

（……）欧米の進んだ国では常識となっている児童の生まれつきの創造力を励まし育てるという原則でさえも確立どころかまだ一般に知られてないありさまではないか。児童の創造力をのばすことは児童の個性をきたえる。児童の個性の伸長こそ、新しい教育の目標だ。

久保は一九三八（昭和一三）年、栃木県の真岡《もおか》小学校久保講堂にて児童画公開審査会を行い、同年から翌年にかけて日本の児童画三〇〇〇点余を携えて欧米に渡航している。公開審査会は一九四三（昭和一八）年に中断したが一九四七（昭和二二）年に再開された。また、久保は収集した児童画による世界児童画展を開催し、啓蒙活動を続けた。久保は創造主義美術教育をめぐって次のように述べている。

「子供が生れつき持つている創造力を子供の精神の発達段階に応じて、その子供の持つている欲望を基本的に尊敬し、これを励ます。これを美術を媒介としておこなう教育で、それによつて子供は創造力を高めることができ

る。」簡潔に言えばそれが創造主義美術教育ですね。（「座談会　美術教育の三つの問題」『美育文化』一九五二年六月号）

久保の言葉にあるように、創美による創造主義美術教育は児童中心主義であり、それはフランツ・チゼックらの美術教育論や、子どもの心理や発達過程に関する思想や研究を理論的背景とする。それは子どもを心理的な抑圧から解放し個性と創造力を育もうとするものであった。久保は子どもの創造性の育成を必要とする根拠として、欧米の児童画に比べて日本の児童画に創造性が乏しいと繰り返し述べた。久保は、日本の児童画は「描こうとする精神」を学ぶべきであると述べ、創造的な絵の特徴として、「（一）概念的でない。（二）確乎として自信にあふれている。（三）生き生きと躍動的。（四）新鮮、自由。（五）迫力があるかあるいは幸福な感情があらわれている」点をあげている。久保は「日本教育界の伝統的半封建的な雰囲気」が「技術訓練主義と型にはまった形式主義の図画の見方」を生み出すとし、創造的であるとする子どもの絵とその捉え方を、著書『児童美術』（一九五一年）、『児童画の見方』（一九五四年）、『児童画の世界』（一九六四年）等も通して啓蒙していった。創造主義的な美術教育への関心の高まりは、羽仁進のドキュメンタリー映画『絵を描く子どもたち』（一九五六年）や開高健の小説『裸の王様』（一九五八年）などを誕生させ、それらにより美術教育が広く世に認知されるようになった。創美の主な活動として公開児童画審査会、研究会開催があったが、『創美年鑑』（一九七八年）によれば、一九五五（昭和三〇）年八月に行われた長野県湯田中温泉における第四回研究会には参加申込者一六七〇名を集めている。そしてこのころから創美運動は、その内外から転機にあることが指摘されるようになったとされる。

一方同時期、一九五九（昭和三四）年に設立された「新しい絵の会」（前身は「新しい画の会」、一九五二年設立）は、「生活画」による社会的リアリズムを通して子どもにその周囲の社会状況やその矛盾、人間や労働の尊さを見つめさせることにより、認識力の育成を目指そうとした。創美の創造主義に対して、認識主義あるいは生活主義の美術教育と呼ばれ、創造主義と主張を拮抗させた。創美運動に加わった滝本正男は創美が受けた批判の論点について、のちに以下のように述べている。

（……）自由な表現よりも指導体系を。教師論よりも授業論を。人間の探求よりも教科の研究を。創造性よりも基礎的な知識・技術を。名人芸よりも科学的普遍性を。そして進歩派の人々の、人間解放よりも社会的認識を。まずこれらがすぐ思いうかぶ。（『美育文化』一九八〇年六月号）

滝本があげるように、創美運動の示す美術教育は、認識主義の美術教育からの指摘のみならず、学習指導要領の改訂（一九五八・昭和三三年）が掲げた基礎学力の充実、科学技術教育の向上等と関連する観点からも批判された。しかしこの創美運動は、子どもの創造性と個性の伸長を「新しい教育の目標」であると掲げ、自由画教育運動が端緒をひらいた創造活動としての美術教育を、子どもの心理に注目することにより広く浸透させた。この創造主義美術教育を含む戦後の民間美術教育運動は、一九七〇年代頃までにそれらが担った啓蒙の役目を終えたと言われるが、学習指導要領に一九七七（昭和五二）年に登場した「造形遊び」は、それらのあとを受け継ぐように登場した美術教育のトピックである。

子どもの活動プロセスに積極的に教育性を見出そうとする「造形遊び」は、子どもの感覚に注目しながら、彼らを表現活動の始まりに立ち会わせようとするものである。そこには子どもに内在する自然的な発達にいかに留意していくのか、という自然主義的な子ども像が埋め込まれている。これを個性や創造性をキーワードとしてきた児童中心主義の美術教育が掲げてきた主題と重ね合わせることもできる。

日本の近代教育における美術教育は、産業のための予備的教育としてスタートした。その内容が臨画のような技術主義的なものから、今日のような子どもの創造活動を意味するものへと移り変わってきた過程に、ここで見た二つの美術教育運動は影響を与えている。二つの運動は芸術教育、中でも美術教育において子どもの個性や創造性をクローズアップすることの可能性を、運動として問うた。民主主義という視点からは、それらは民主主義を支える子ども、すなわち「個」の育成と充実というその理念と重なり合ってきたし、芸術教育の側から見れば、芸術を通した教育の構造化という課題のもつ深度を今日まで示しつづけていると言えよう。

参考文献

新井哲夫「創造美育運動に関する研究（一）——『創造美育運動』とは何か」、『美術教育学』第三五号、美術科教育学会、二〇一四年他

上野浩道『日本の美術教育思想』風間書房、二〇〇七年

初期創美運動を記録する会『初期創造美育運動について』文化書房博文社、一九九一年

冨田博之、中野光、関口安義編集『大正自由教育の光芒』久山社、一九九三年

中野光『大正自由教育の研究』黎明書房、一九六六年

11　見ることと描くこと

鷹木　朗

描くことから見ることが始まる

辺り一面が真っ白に広がる雪の朝、未だ誰も足を踏み入れていない雪面を走り回りたいという思いに駆られる。最初はおずおずと足許に長靴の跡をつけてみる。徐々に活動範囲を広げて歩き回り、その痕跡が刻印されていくのを眺める。やがて駆け出し、道に飛び出す。そこには新聞配達の人の足跡が残されていて、それに並行したり交差したり、自分の足跡を重ねてみたりもする……。育った地域や環境にもよるが、このような記憶をもっている人は多いだろう。

この雪の朝の情景は、幼児が大きな白い紙を前にクレヨンを握ったときの様子に似ている。このとき、子どもたちは自分の活動の軌跡が線というかたちで刻印されるのを発見する。それは、単に身体の発動というに留まらず、その線から形を発見し、自己と世界（他者）が交感し得るはたらきを見出していくのだ。そこから人は、線を用いて外界の形象を理解しはじめる。目に映る世界は、網膜が感知する無数の光の点情報でできている。どこにも線は存在しない。しかし、私たちはそこに線を見る。

線を引く——見て描くこと

たとえば人の顔を見る。顔という形象を見出し、顔と顔以外という〈図〉と〈地〉の構造が生み出され、その外形を線として認識する。描線は身体運動の軌跡であるから、始点と終点をもっている。つまり時間性を有している。横顔を描く。前髪、額、眉、鼻梁、唇、顎、それらの先端を視線が追い、背後の空間と人物の顔とを分かつ一繋がりの線としてイメージし、手許の白い紙へと目を移す。まず画面にそのイメージの線の全体が想定され、その始点に鉛筆の先が置かれる。そして、前髪、額……と鉛筆が動くその先々にイメージの線の部分部分が明滅し、手を導いていく。まさに線は引か<ruby>れ</ruby>るのである。

芯の先が紙との摩擦で細かい粒子となり、その軌跡を描く。イメージが物質化されていく。手は常にイメージが生み出すベクトルの負荷を受けて動いている。同時に紙の表面の凹凸とその弾力を、画面から受ける反発の負荷として感じ取ってもいる。手が受けとめるこれらの感触が次の線を生み出す契機となる。

〈図〉と〈地〉の構造は、顔と顔以外という関係に留まらない。目や口とその周囲となり、突出した鼻梁とその側面となる。〈図〉と〈地〉の関係は幾重にも重層化された複雑な構造となり、おおむね次にあげる線のはたらきが見出されていく。

◎輪郭線（形象として認識されたものと、それ以外を分かつ）
◎稜線（形象化された立体を構成する、面と面の境界を示す）
◎軸線（形象の中心軸や重心を可視化する）
◎動線（形象の動きを、その方向性や軌跡で示す）
◎導線（形象や空間への視線の動きを可視化し誘導する）

一本の線がこれらのいくつかのはたらきを兼ね備えたり、その途中でも意味を変化させたりしながら引かれていく。手の動きが線となり、積み重なった線の束が見ることを紡ぎ出していく。

ドローイング―描くことの現場から

ヤン・ファン・ホーイェン［1596〜1656］の風景ドローイングを観てみよう（図1）。遠くに風車が見える。干拓地の内湖に注ぐ運河に掛かる歩行用の木橋だろうか。幾人かの釣り人が糸を垂れている。

画面の下から三分の一のところに地平線が引かれている。おそらく画家は最初に薄くその当たりを取っただろう。それから手前の陸地、更に木橋がつくり出す台形を象る。それらの線は、大地と空を分かち、陸と水を分かち、木橋と空間を分かつ。線は次第に釣り人を、水辺の草を、遠くの樹木を、浮かぶ小舟を生成していく。それは、輪郭線が稜線になり、軸線になり、動線へ、そして導線へ、さらにまた輪郭線へというふうに転変する過程でもある。画面左の奥に見える風車の羽根を観てみよう。オランダ風の特徴的な台形の躯体に四枚の羽根が左を向いている。まず右上方から左下方へ、よく見れば少し揺らいだ一本の太い線で次第に薄く引かれて、二枚の相対する羽根が生成する。次の瞬間には、それと同じ傾きをもった縦線の集合体としてのハッチングで、それらと直角を成すもう一枚の羽根が生み出されている。残る一枚は躯体と重なってもはや確認できない。水面には寝かせたチョークをスピーディに走らせた横線が川面の反射を映し出し、空には比較的ゆったりとした淡い横線が施されて、その塗り残しが白い雲になっている。ツンツンツンとチョークの先が紙に突かれて五羽の鳥が空を飛びはじめる。

チョークの線は、その強弱、濃淡、遅速といった変化を伴って、画家の身体と風景の広がりとの共振を生み出していく。よりラフに描かれたホーイェンのドローイングをさらに幾枚か観察すると、さまざまな描線が転変しながら紙（画面）全体を変容させ、空間を作り出していく出来事がよく理解できるだろう。

ドローイングとペインティングの往還

高橋巖の『シュタイナー教育の方法——子どもに即した教育』（一九八七年、角川書店）に、ルドルフ・シュタイナー［1861〜1925］の感覚論で語られるおもしろ

図1
ヤン・ファン・ホーイェン
《釣り人と橋》
1651年
紙にチョーク、11×19.5cm
グルーニング美術館

い話が紹介されている。犬のように敏感な嗅覚をもつ存在にとっての世界に関する話である。外に出ると、あちこちからあらゆる匂いが漂ってきて、私たちが外界のすべての光と色のニュアンスを好ましく観ることができるように、それらの匂いが全般的に共感の対象となるというのだ。この多様化された匂いの世界は信じられないくらいに美しい光景だろうとシュタイナーは考える。

この話から私たちの感覚世界を逆照射してみよう。

一般に私たちの嗅覚は、ある程度の強さを伴って匂いが鼻を突くとき、初めてその匂いの像が意識に浮上する。たとえば、道沿いの庭にある木蓮の花から漂う香りがフッと現れて、通り過ぎるとともに消えていき、そのことが一つの記憶として残るといった具合だ。普段はあまり匂いについて意識しないし、無臭の空間をイメージしていることもない。いわば単体の〈図〉だけが存在し、〈地〉にあたる存在はないのだ。

それに対して視覚においては、常に外的な刺激を意識しつづけている。もし何もない真っ白な空間に居たとしても、その白い光に満たされているという刺激を感じつづけるのである。そこには感覚の〈地〉があり、さまざまな〈図〉が関係し合いながら認知される。

これまでに見てきたように、私たちは「線を引くこと」で、世界の見方を体得していく。しかし線が引かれた瞬間に、その支持体は空間性を帯びる。つまり〈地〉の意識が発生する。白い画用紙は、鉛筆の線が引かれることによって何かが描かれる背景となる。線が積み重なるにつれ、その余白はあるトーン（明暗）やバルール（色価）を帯びた存在として意識されるのである。鉛筆やチョークを用いた場合には線がいつしか集合して面を構成していくし、筆（ブラシ）を用いた場合にはドローイングが次第にペインティングへと変容して面を創出していく。

この線から面、ドローイングからペインティングへという変容は、最初に一本の線が引かれはじめたときから既に生起していて、強弱、濃淡、遅速といった線の変化や線の働きの転変がその反映として生じる。そして、描画はこの

郵便はがき

料金受取人払郵便

本郷局承認

1665

差出有効期限
2019年4月30日
まで
（切手不要）

113-8790

（受取人）
文京区本郷1—28—36
鳳明ビル1階
株式会社三元社 行

1 1 3 8 7 9 0　　17

1冊から
送料無料 ☺ （国内のみ／冊子小包またはメール便でお届け。お支払いは郵便振替で）

お名前（ふりがな）	年齢
ご住所（ふりがな） 〒 （電話　　）	
Email（一字ずつ正確にご記入ください）	
ご職業（勤務先・学校名）	所属学会など
お買上書店　市 区・町　書店	

20170328/10000

愛読者カード

ご購読ありがとうございました。今後、出版の参考にさせていただきますので、各欄にご記入の上、お送り下さい。

書名

本書を何でお知りになりましたか

□書店で　□広告で（　　　　　　）　□書評で（　　　　　　）
□人からすすめられて　□本に入っていた（広告文・出版案内のチラシ）を見て
□小社から（送られてきた・取り寄せた）出版案内を見て　□教科書・参考書
□その他（　　　　　　）

◆新刊案内メールをお送りします　□ 要　□ 不要

◆本書へのご意見および今後の出版希望（テーマ、著者名）など、お聞かせ下さい

●ご注文の書籍がありましたらご記入の上お送り下さい。
（送料無料／国内のみ）
●ゆうメールにて発送し、代金は郵便振替でお支払いいただきます。

書　　名	本体価格	注文冊数
		冊
		冊

二つの態度を往還しながら進められるのである。この往還がある速度に達して振動と呼び得るものになったとき、絵画性（ペインタリネス）が発生し、〈図〉は〈絵〉になる。

写実のメカニズム

ルイス・メレンデス［1716〜1780］の《鮭、レモン、三つの器のある静物》を観てみよう（**図2**）。そこでは、鮭の切り身から滴る脂や使い込まれた机の傷に至るまで迫真の描写を感じ取ることができる。右下には、題名にもあるようにレモンが描かれている。

今から二五〇年近くも前に、画家は机上にレモンを置いた。彼はその果実を見つめ、その黄色を感じ、果皮の表面のまろやかな凹凸と無数の油胞を観察する。光と影を観察しながら果実の向きを回転させもしただろう。そこには描く時間が流れている。そして、描く間にも対象は変化している。窓からの陽光は傾き、果皮は乾燥していく。また画家の中では、実物であれ他の絵画作品であれ、それまでに見た無数のレモンが去来しており、その色や形や酸味や、それにまつわる記憶の束が、描く意識の水面下で作動している。

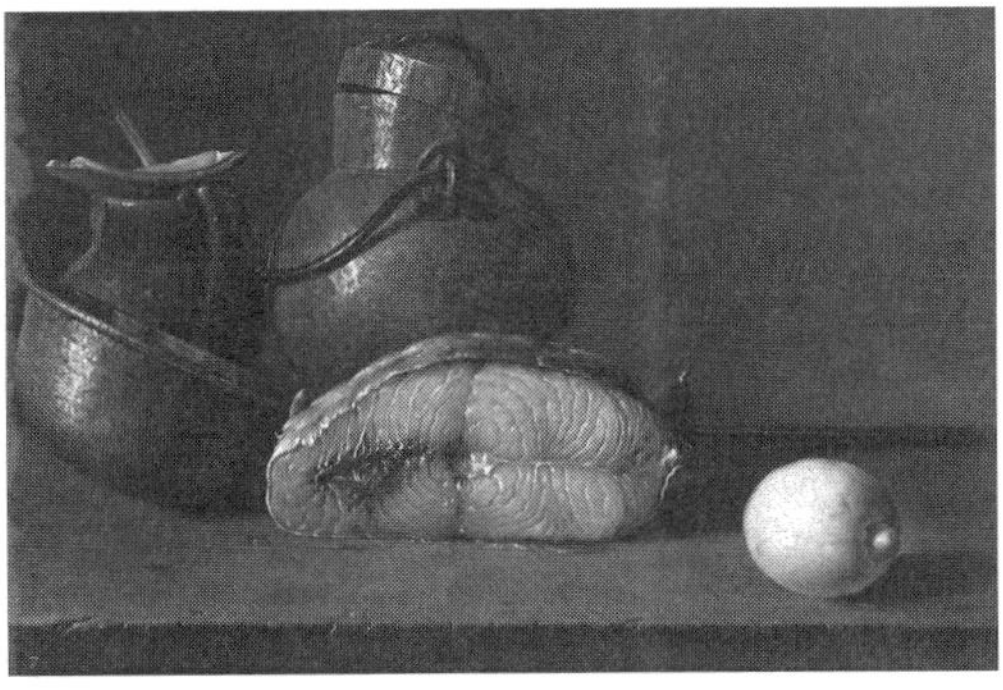

図2
ルイス・メレンデス
《鮭、レモン、三つの器のある静物》
1772年
キャンバスに油彩、41×62.2cm
プラド美術館

一方、私たちはここに描かれたものをなぜレモンと理解するのであろうか。そこにあるのは、あくまで画布の上のずんぐりとした紡錘形の黄色い絵の具の層である。こぼれんばかりの立体感や柑橘系独特の肌触りを瞬時に感じ取り、レモンの実在をこれほどまでに強く思うのはなぜなのだろう。それは、絵を観る個々の人間がそれまでに見た無数のレモンを思い起こし、その色や形や酸味やそれにまつわる記憶の束を作動させ、それと照合しながらこの絵の具の層を見ているからである。

もし、鮭の切り身もレモンも銅の打ち出し鍋も、全く見たことのない人がいたら、この絵はどのように見えるのだろう。地上に射す陽の光を見たことのない人であったなら、果たしてこの絵の立体感や空間は受け取ることができるのだろうか。

このように考えてみると、絵画は、幾百年の時間や幾千キロの距離をも超えて、画家と鑑賞者の記憶と記憶が出会う場所なのだということがわかる。

見ることと描くことの現在性

このように写実は画家と鑑賞者の記憶を基に成立していると同時に、その両者の現在性に、もう一方の軸足を置いている。

クロード・モネ［1840〜1926］がロンドンの国会議事堂の夕景をテムズ川越しに眺める（図3）。議事堂は、黄から橙、朱へと変化する夕空とそれを反射する川面の中で次第に暗く沈んでいく。通常、人は夕焼けの中で物を見ても、その固有色を見誤ることはない。光源の分光分布による偏差を無意識に補正し感じ取っているからだ。この自然に備わった知覚の順応のスイッチをモネは自在に外すことができた。河畔に建つ石造建築は朱に輝き、緑や青や菫に滲んで見えたのだ。私たちはこの作品を観て「実際の夕景」の豊かな色彩世界に改めて気づくのである。

デッサンの初習者が机上に箱を置き、その観察画に取り組んでいる。その箱の上面を、どうしても画面上方に伸ばして立ち上がったように描いてしまう。箱の奥行きを知っているから、その事実を描こうとするのである。そこで教師が、描画者の目の高さに合わせて奥行き方向が短縮された「今見えている形」に修正する。その瞬間に画学生は描くことの現在形、つまり「知っていること」のスイッチを外す術を知るのである。

これらの作品を鑑賞したとき、私たちは、画家や画学生が「今見ているもの」に気づいた瞬間を目撃することになる。そのことを通じて、私たち自身の「今見ていること」に気づき、世界を更新することができるのだ。

考えてみれば、日常私たちの見る行為は、ほとんど「知っていること」で成り立っている。さまざまな行為を重ねながら日々を過ごし、そのときどき目に映った視覚の切れ端を急いで「知っていること」と照合して、「これは○○だ」と認知し片付けていく。この「知っていること」に支配されているものの見方を更新し「今見えているもの」に気づく方法こそが、デッサン・観察画の創造的な技能に関する指導の一番大きな

図3
クロード・モネ
《ロンドンの国会議事堂、日没》
1903年
キャンバスに油彩、81.3×92.5cm
ナショナル・ギャラリー（ワシントン）

柱となるのだ。

見ることと描くことの教育題材化へ

本来、子どもは描くことで世界を見る方法を主体的に高めていくことができる。しかし今日の子どもたちは、生まれたときからデジタル化されたヴィジュアル表現の洪水に呑み込まれている。ここでは、既に他者によって解釈された世界の見え方のパッチワークの渦に身体ごと放り込まれていくのだ。

こうした中で、ヴィクター・ローウェンフェルド［1903〜1960］による発達段階表に代表されるような、錯画（なぐり描き）期から写実期に至り、やがて完成期を迎えるとする従来の成長と発達に対する見方を、ただ一面的に解釈し描画教育の前提とすることには疑義が呈されている。そこで、身体行為を通じ世界と共振していく術として、改めて写生・デッサン・観察画を捉え直すことが重要な意味をもつのである。そのための三つの視点を提示したい。

一つは、ドローイングの初源的様態を整理し構造化することである。ここでは線を引く契機の三様が考えられる。物質・身体と関わる線（ストローク）、外的形象と関わる線（クロッキー）、意味・物語と関わる線（地図や迷路遊び）である。これらを基に、線の出現に立ち会い、未分化な線遊びから構造化された絵画へと展開する教育課程を構想していく。

二つ目は、ドローイングとペインティングの往還を体験し意識化することである。線を引いて日常空間に〈地〉の意識を発生させる（ウォール・ドローイング、フロア・ドローイングなど）、線を集積する（紙を線で埋める、紐や糸を蜘蛛の巣状に張り巡らすなど）、ブラシワークによって面から形象や線を生み出していく（塗り拡げや塗り狭めによる写生など）、線描と彩色の手順を組み替える（彩色した紙を貼り合わせる切り絵、塗る行為から形が生み出されるフロッタージュなど）といったものを考えることができる。

三つ目として、画家の行為性、画面生成の出来事性に着目した鑑賞教育である。対話型鑑賞の手法を用いて描画の現場をさまざまに想像する言語的な活動、単独あるいは共同作業による模写という手段を通して画面創造の追体験を行う身体的な活動などである。

以上の視点からの教育題材化と、先にあげたデッサン・観察画に関する技能指導とを連携させて新たな教程原理の構築を目指すことが、絵画教育における今日的な課題と言えよう。

参考文献

片岡杏子『子どもは描きながら世界をつくる――エピソードで読む描画のはじまり』ミネルヴァ書房、二〇一六年
アイラ・モスコヴィッツ編集、小林秀雄ほか監修『世界素描大系』（全六巻）、講談社、一九七六～一九八〇年
吉田秀和『セザンヌ物語――吉田秀和コレクション』（ちくま文庫）、筑摩書房、二〇〇九年
ジャン・リュデル『デッサンの歴史と技法』岡部あおみ訳、白水社、一九八五年

12　西洋画の歴史性

金子一夫

近代・西洋・西洋画の相対化

今日、「西洋画」とは何かと問われても即答するのは難しい。「西洋画」という言葉は書物の中にしかない。東京美術学校西洋画科は一九三三（昭和八）年に油画科と改称した。西洋画科では畏れ多いということであったらしい。現在の日展をはじめ多くの公募展覧会の部門名は「洋画」である。大上段の「西洋画」では重すぎるので、少し気が楽な「洋画」にしたのだと思われる。とすれば「西洋画」とは、西洋についてよく知らなかった近代日本における西洋絵画に関する理解・習得内容と定義できる。そこで理解・習得内容を「西洋画」、習得対象を「西洋絵画」と呼ぶことにしよう。そして西洋画の歴史性とは、西洋絵画に関する理解・習得内容の歴史的特殊性を指すことになる。

近代における西洋文化の世界的席巻は、日本では中国から西洋への文化手本の転換として現れた。美術においても中国画の権威が失墜し、西洋絵画、それも同時代の近代西洋絵画が研究習得対象になった。明治前期に西洋画を描く人は未だ少数であった。しかし、その後着実に増えていく。その指標となるのが、文部省中等学校教員検定試験図画の鉛筆画（西洋画）と毛筆画（日本画）の受験者数である。図画科免許に鉛筆画と毛筆画の区分を設けた一八九七（明治三〇）年から一九〇七（明治四〇）年までは日本画受験者数が西洋画受験者数を上回っていたが、一九〇八（明治四一）年に逆転する。さらに大正初期に西洋画受験者は日本画受験者の二倍を超え、その後差は開くばかりであった。ただ、政策的配慮からであろうが、西洋画と日本画の合格者は似たような数であった。昭和期に入るとその配慮も無理になったのであろう、合格者数も西洋画が圧倒する。戦後になると絵画と言えば西洋画を基本的に指し、日本画は特殊なものとされた。

前述のように西洋画普及の背景は、近代西洋文化の世界的席巻であった。しかし現在、西洋における思想潮流に、現代も規定している近代西洋の思考的枠組みを歴史上のものとして相対化する試みがある。近代日本の西洋画は油画や洋画と改称され相対化されたが、習得対象であった本体の西洋絵画も相対化されつつある。そのような中、日本の西洋画の輪郭はさらに曖昧になり、西洋起源の絵の具による絵画としか規定できない。現在、西洋画は完全に歴史的・相対的概念になったと言える。

ただ、西洋画、さらには近代西洋文化や西洋絵画まで相対化されると言っても、それらが日本・東洋的なものに吸収・解消されるわけではない。それらはずっと参照対象として残っていくであろう。西洋人によって近代西洋の思考的枠組みの相対化が主導されるということは、西洋文化が依然として力をもっているということである。ただ、西洋画や西洋絵画が相対化されることで初めて見える意義やおもしろさがあり、本稿ではそれらを検討しよう。

西洋絵画から学ぶもの

西洋絵画の対立概念は論理的に東洋絵画である。日本近代は文化の手本を東洋＝中国から西洋へ転換した。そのため日本の絵画意識は、日本人が蓄積した東洋画の素養を括弧に入れ、自らを今後習得する西洋絵画へ架橋するという複雑なものとなる。まず、脱すべき東洋画すなわち中国画の難点が言われる。近代日本最初の図画教科書である川上寛（冬崖）［1828?〜1881］纂訳『西画指南』（一八七一年、文部省）に寄せられた、当時大学南校で川上の同僚であった町田久成［1838〜1897］の「はしがき」とその現代語訳を示す（原文中の句読点は引用者。表記は読みやすさを考慮して改めた。以下同じ）。

> 物をゑかかむことはいともやすからぬわさなれは、もろこしの国人も位置骨法なとさまざまに論ひさたせしことなれと、彼の国の癖としていたつらに気韻といふことを宗として、そのかきさまいたく粗あらしく陰陽遠近のけしめくはしからす。いと疎漏にてありける。
> 世にこの道を学ふ輩おほ方は画といふものの本意をわきまへす、ただにからさまの描き方を正しきことに思い誤れることの多かりけるを、川上寛はこの道にこころさしふかくして、遠き西のはてなる文の林にさへわけ入て世人の得がたき花を折えられたるは　ふたつなきいさをにして（……）

ものを描くことはとても簡単ではない技なので、中国の人たちも位置骨法などさまざまに論じているが、同国人の性向としていたずらに気韻ということを大事にして、その描きかたは大変粗雑で陰影遠近の表現もていねいでない。とても粗雑である。

世間でこの道を学ぶ人の多くが、画というものの本質を知らないで、ただ中国の描き方を正しいと誤解している。そのようなか、川上寛はこの道に志深く、遠い西洋の書物まで研究して他人には得られないような成果を得たことは、無比の功績であり（……）

「はしがき」に続いて、川上による「凡例」も和漢画にはない西洋画の優秀性を指摘する。これも原文と現代語訳を示す。

一　世ニ画図ノ有用欠ヘカラサルヤ文ノ尽ス能ハサルヲ補ヒ幽微ヲ晰《アキラカ》ニシ教化ヲ裨ケ功ヲ六籍ト同ウス又其精絶微妙ニ至テハ当ニ工ヲ造化ト争フヘシ故ニ泰西諸国ニ於テハ画図ヲ以テ一科学ニ充ツ

一　画学ノ書和漢固ヨリ之有而レトモ其原因ノ理ヲ究メサルカ故ニ各一家ノ言ヲ為《ナ》シテ竟ニ公論ニ皈スル者有無シ独リ泰西ノ画ヲ論スル者皆暗室中（映画鏡ノ類是ナリ）ニ映スル物影ヲ以テ法トス故ニ古今数家ノ説ヲ合輯スルニ猶一人ノ説ニ出ルカコトシ是即チ和漢ニ優《マサ》リテ精妙ナル所以《ユエ》ナリ

一　西画特《タヾ》暗室中ノ物影ヲ以テ法ト為《ナス》ノミナラズ幾何学《キカガク》ヲ以テ規本トシ其理ヲ拡《オシヒロ》メテ遠近高低日月及ヒ燈火映影等万物ノ写真法ヲ発明スル所謂《イハユル》照景法是ナリ而シテ映鏡ノ理ト暗合スルハ実ニ其術ノ精妙ヲ徴《チヨウ》スルニ足レリ

（以下二項目略）

明治四年辛未林鐘　　川上寛識

一　この世で画図は有用であり無くてはならない。文で表現できない内容を補足し、微妙な内容を明確にし、人々を教化する。その効用は書籍と同じである。またその精妙さは自然と巧緻を争うくらいである。それゆえ、西洋では画図を一つの科学（学問）として扱っている。

一　画学の書物は日本や中国にも昔からあるけれども、根本原理を究めないために結局、共通認識に至らない。西洋の画学研究だけが暗室での投影図法を基礎としているために、何人もの説を集めても一人が言っているような整合性がある。これがすなわち日本や中国より西洋画学が優れている理由である。

一　西洋画学は投影図を基礎とするだけではなく幾何学を基本にそれを拡大応用して遠近高低陰影など万物の描写法を発明した。これが透視図法である。そしてそれが投影図法と根底でつながっているのは、この技術が精妙な証拠である。

明治四年六月　　　　　　　　　　　川上寛記す

町田と川上が言っているのは、中国画が粗雑であるのに対して、西洋絵画には精密な表現性、投影図を基礎とする客観性、透視図を基礎とする正確性、そしてそれらが通底整合する体系性がある。それは一つの学問であると言うのである。現代語訳からは、町田も川上も西洋絵画に圧倒されているだけのように見える。しかし、両者の原文は和漢の教養に満ち堂々としている。

西洋絵画はルネサンスのダ・ヴィンチから一九世紀半ばまで自由技術の一つで、科学でも芸術でもあった。川上が言う通り、西洋絵画から学ぶべき属性の一つは科学性であった。明治前期の図画教員の多くが学者でもあったのもうなずける。ただ、同時に西洋絵画には感性的な価値もあった。明治初期西洋画家であった高橋由一の「高橋由一履歴」中の記述に、幕末に高橋が友人から借りた西洋の石版画について「悉《ことごとく》皆真ニ逼リタルガ上ニ一ノ趣味アルコトヲ発見シ忽《たちま》チ習学ノ念ヲ起シタ」とある。高橋は、石版画を見てそれぞれ迫真的であると同時に美的であることに気づき、学びたいという気持ちになったと言うのである。日本人が西洋画に「趣味」を感じることがなければ、西洋画は技術者が扱う実用技術になったであろう。実際、明治後期に西洋画から図学専門が分化していく。

西洋画と日本画の二項対立

江戸時代の日本絵画は、幕府・大名、公家、武士・文人、町人といった階層ごとに、狩野派、土佐派、南画、浮世絵と分化していた。明治維新後に成立した四民平等の国民に対応する絵画はなかった。そこで明治政府の美術政策は国民に対応する新しい国民絵画の創成が目標となる。明治期美術運動は国民絵画をめぐる西洋画と新日本絵画の主導権争いとなる。明治初期の近代化の一環としての西洋画志向は、そのようなものとして理解されるべきであろう。西洋画志向に反発する人でも中国絵画志向は時代錯誤と感じられたであろうから、東洋画を含めた在来絵画の維持発展が選択肢として残った。

国民絵画をめぐる主導権争いで最初は西洋化政策を背景に西洋画が優勢であったものの、政策が転換したため明治一〇年代後半から岡倉覚三（天心）とフェノロサによる新日本美術創成運動が優勢となる。岡倉・フェノロサの運動は狩野派を基礎に新しい日本絵画の創出を企図した。その結果、東京美術学校設置を実現して、彫刻、工芸も含む日本美術の研究教育体制を確立した。その絵画科教師陣には狩野派以外の流派の画家も加えた。岡倉は同校絵画科に在来流派の一つとして西洋画教室設置も考えていた。諸流派の総合が新しい「日本画」創成になるはずであった。しかし、一八九六（明治二九）年に文部省は東京美術学校の在来絵画教室を総称して日本画科とし、新たに西洋画科を設置した。岡倉の西洋画も含む多項並立構想は、文部省による西洋画科と日本画科の二項対立施策の前に潰えた。西洋画科設置は西洋画対日本画という基本構図の制度的発足である。さらに一九〇七（明治四〇）年設置の文部省展覧会で絵画が日本画部門、西洋画部門との二区分になり、日本画と西洋画が争わずに棲み分ける基本構図は揺るがないものになった。主導権争いは日本画と西洋画それぞれ内部での新旧派間に移っていった。結果として日本画も西洋画も東京美術学校教授陣が新派で占められて新派の卒業生を輩出していったため、新派が第一勢力になっていく。

西洋画と西洋絵画の間

ゴッホが摸写した広重の浮世絵は日本人にとって違和感がある。それから類推すれば、日本人の描く西洋画は西洋人にとって違和感があるに違いない。また、西洋絵画が時折見せる違和感は、日本人に理解・習得できない要素があることを示唆する。完全理解・習得はあり得ないとはいえ、習得させる、教育する立場は、自己矛盾になりかねない完全理解・習得の不可能性を見ない、見せない。それは学習者を誤解させることにもなる。

明治中期から図画教育は鉛筆画と毛筆画の選択制となったが、どちらも同じ絵画であるという論理で図画教育の分裂を防いだ。まず、邦画（日本画）、西洋画という感情を刺激する呼称を避けて毛筆画と鉛筆画とした。そして教科書に関する規則を除いて、教育内容に関する法令規則に毛筆画、鉛筆画という言葉を使わなかった。さらに明治後期の教育的図画運動で、両者は用具の違いにすぎないと明言された。しかし、日本画の「濃淡」と西洋画の「陰影」は光の方向の有無だけの違いであったが、その処理は問題であった。明治後期に鉛筆画手本と毛筆画手本として発行された第一次国定図画教科書は、別々の教科書なので問題はなかった。明治末の第二次国定教科書の『尋常小学新定画帖』は両者を統合し、どちらとも区別できない絵が散見される。また同じく『高等小学毛筆画帖』では、絵に濃い色彩が施され濃淡が見えにくい。問題が浮上しないように意図的にそうしたと思われる。

西洋絵画の違和感や日本人が気づかない要素の背景には、西洋の世界観、自然観がある。それが西洋絵画を構成する強い論理性になっていると思われる。

まず日本の伝統的芸術一般は自然と人間との親和性を主題にしている。それに対して、西洋の芸術一般は人間と自然との対立を主題にしているように思われる。例えばジェリコーの《メデューズ号の筏》は、強風と荒波の中で遭難した人々を希望と絶望のグループに分けて劇的構成にして表現する。これに対して、例えば円山応挙の《七難七福図》の災害の図では人々が為す術なく自然に飲み込まれていく。人間が自然と闘うという発想はない。その人間観・自然観は対照的である。

また西洋と日本では自然観の基礎となる自然自体も違う。例えばイギリスやドイツの公園には虫がいない。郊外の田園地帯でも異様に少ない。湿度が低いためらしい。西洋絵画で森林や草原に神様や人間が裸で描かれている現実的基礎として、虫がいないということもあろう。また、人類が滅亡して残った少数の人間の行動を描く西洋の映画を何本か見たことがある。そのような映画で設定される環境はたいてい荒野や砂漠である。西洋人の自然の原型は荒野や砂漠なのである。環境保護運動が西洋発なのもわかる。日本や東アジアでは人間がいなくなれば、植物で一面が覆われ虫や動物がうごめく湿潤な世界となるであろう。

親和的な自然においては人間も自然の一部となる。湿潤な大気に見え隠れする山や岩に神が宿っても不思議はない。それに対し荒野や砂漠では、言葉で内面に人間的世界を構築することになる。地平線までの見通しの良さは、神は地上ではなく天にいると感じさせ、個的人間の眼を自覚したルネサンスには対象との距離感を再現する透視図を発生させた。

一八七六（明治九）年に工部美術学校の絵画教師として来日したフォンタネージはバルビゾン派系の画家で、その風景画様式は透視図法と無縁のように見える。しかし、彼は透視図法の教科書まで作って来日した。そして日本人生徒に、透視図法を知らなければ絵は描けないと伝えた。絵画のために透視図法を習得する必要は、日本人にとってわかりにくい。戦前の中等学校教員検定試験図画科受験者にとって、難関科目は図学であった。絵はうまくかけても図学で不合格になることは少なからずあった。図学を知らなくても絵は描けるのではないかというのが、多くの日本人の感想であろう。

つまり、西洋絵画は強い論理性を特徴としている。一九世紀の印象派絵画は多くの日本人が好む。しかし、その基礎にある理屈まで共感しているとは思えない。また、西洋のシュルレアリスム絵画は、いかに非合理的な光景が描かれていても論理の構成になっている。作者は細部のモチーフまで理屈で説明できるように思われる。それに対して日本人のシュルレアリスムとされる作品は、論理ではなく不思議な雰囲気の表現であることが多い。作者もなぜそのようなモチーフの採用と構成になるのか説明できない。それを指摘すると、絵は理屈ではないという言葉が返ってくることになる。自ら論理がないことを表明する。

派生的問題になるが、西洋絵画は人体素描を基礎にする。そこでは体の表面より骨格の立体的構造の理解が重要となる。医学的解剖図でも骨格を基礎とする立体構造が重要である。それに対して江戸期日本の解剖図は中国伝来の臓器配置図であって、骨格は関係ない。そのせいか人体を研究したはずの円山応挙も骨格構造の意識がないので、その裸体図は不思議な柔構造の人体になっている。

絵画修復専門家の教示によれば、ベネチア派以来、西洋の油画では光を白色油絵の具の厚さに還元して表現する伝統があると言う。例えば顔面のハイライトには白色絵の具を盛り上げる。また日本人は風景画で山際の空（スカイライン）に絵の具を薄く塗って空間が遠くに続く感じを表現する。それに対し西洋の伝統的な油彩風景画では、そこが明るいので白色絵の具を分厚く塗る。確かに西洋人の油彩風景画の多くはそうなっていて、画面が手前に向かってくるような感覚がある。

構成の論理性、人体の立体性の意識、光の絵の具の厚さへの還元といった、西洋絵画の論理性に日本人は気づきにくい。絵画は理屈ではない、日本人は日本絵画しか描けないと言ってしまえばそれまでであるが、それは一〇〇年以上かけても西洋絵画の本質である論理性の理解・習得をなし得ていないことの表明でもある。現在の西洋画鑑賞教育実践で、児童生徒に作品の論理を発見させる発想がないのも、きわめて日本的なことである。

参考文献

スーザン・ウッドフォード『絵画の見方』高橋裕子訳、ミュージアム図書、二〇〇五年
菊地健三、島津京、濱西雅子『西洋の美術』晶文社、二〇〇四年
小林頼子、望月みや『グローバル時代の夜明け——日欧文化の出会い・交錯とその残照　一五四一〜一八五三』晃洋書房、二〇一七年
吉田千鶴子『〈日本美術〉の発見——岡倉天心がめざしたもの』（歴史ライブラリー）、吉川弘文館、二〇一一年

13　子どもと立体

竹井　史

彫塑とは

絵画が平面的な素材に線や形そして色で表現するのに対し、彫塑は、実在する立体や空間として表現するものである。

立体表現を成立させるためには、実在する材料としての素材が必要になる。例えば、木や粘土、石、石膏、紙、プラスチック素材、金属、ガラスや蝋など多岐にわたり、また複数の素材を組み合わせることも多い。学校教育では、木や紙、粘土、プラスチック素材などが一般的と言える。

彫塑表現は、その表現方法によって分類される。粘土を中心とした可塑材を用い、肉付けして作る技法を塑造といい、粘土だけで作るもの（焼成するもの、しないもの）、心材を使って作るもの、石膏などの型を用いて作るものなど、さまざまな方法がある。他方、木や石のような固型材を彫って形を作る技法を彫造（彫刻）という。

わが国の彫塑の歴史は、実質的には仏像史と言うことができ、現在のような純粋美術の一領域として捉えられる彫塑という概念が現れたのは明治期に入ってからである。「彫塑」という用語が最初に使われたのは、一八九四（明治二七）年、東京美術学校の一期生である大村西崖が京都市美術学校彫刻科新設にあたって教授として招かれた際に発表した彫刻論だと言われる。

現代においては、これらの方法に加えて、多種多様な素材を溶接や切断、接着など、さまざまな技法で表現する、「彫」とも「塑」とも言えない領域の立体造形があり、これは一般に集合彫刻と表現される現代彫刻の領域として捉えることができる。集合彫刻は、立体または立体アートと呼ぶこともある他、表現が設置空間全体へ拡散したものについては空間表現、またはインスタレーションと呼ばれる。

彫塑の造形要素

造形には、それを成立させている三つの要素がある。大きくは形（形態）と色（色彩）、質（材質）に分類される。これらの要素を総合的に考え、組み合わせ、表すことが造形表現と言える。彫塑においても、その領域を特徴づける独自の造形要素がある。

量感　彫塑の最も重要な造形要素は量感といえる。量感とは物体の容積（mass）がそれを見る私たちに働きかける感覚量であり、ボリューム（volume）とも言われている。彫塑表現においては、容積として同じものでもその形態の与える印象によって量感は大きく異なる。この量感を心象表現としてどのように活かすかが、彫塑表現においては特に重要である。

空間　量感に並ぶ彫塑の重要な要素が空間（space）の概念である。空間は、とりわけ近代彫刻において重要な要素となっている。木や石、粘土などの具体的な質量をもった部分や全体が一定の空間を占有する時、これを実空間と捉えるなら、実空間によって取り囲まれた隙間や実空間を取り巻く周囲の空間を虚空間と捉えることができる。虚空間の概念は、ヘンリー・ムーア［1898〜1986］以降の近代彫刻の作品に多用される。

面　立体はいくつもの面（plane）によって構成されている。面は量感の方向性や関係性、あるいは独立性などを表現する上で重要な働きをする。面、空間、量感の三つの造形要素は、とりわけ立体表現に特徴的なものと言える。

地肌　彫塑表現において使用される素材はそれぞれ固有の個性を持ち、その地肌（texture）においても同様である。美術表現においては、色合いも含まれる。

比例・均衡　比例（proportion）と均衡（balance）は造形表現においては表裏一体の関係を持ち、造形芸術上の重要な要素として働く。彫塑においては、実材を扱っていることから、比例や均衡は感覚的な問題だけではなく、力学的にも配慮すべき重要な要素である。

動勢　彫塑表現における動勢（movement）は動きそのものというよりは、その作品が与える想像的、暗示的内容をさす場合が多い。動勢は、彫塑の生命感や作品のもつ方向性を表すと理解することが出来る。

学校教育における彫塑（立体）について

造形遊びから立体表現へのプロセス

言うまでもなく私たちの世界は、三次元空間に成り立っている。子どもたちが見たり、感じたり、想像したりしたことを立体に表す活動は、まさに自然で根源的な欲求と言える。

以前、小学校に行く直前の子どもたちに粘性や可塑性のある粘土質土のかたまりを二トンほど与え、二日間、子どもたちがそれらの素材とどのように関わるかについて観察したことがある。

一日目、はじめは恐る恐るその土に触れ、積極的に関わろうとはしなかった。しかし、その素性や性質が認識されると、俄然その関わりは活発になった。手や足で触る、水をかけ柔らかくして触る、手や足で穴をあける、粘土の上を歩く、粘土を持ち上げる、丸める、積み上げるなど、さまざまな活動が見られた。

二日目には、さらに多様な活動が現れた。穴を掘る、土を丸める、積み上げる、それらの活動を組み合わせ土山の形を変化させる、トンネルを作る（図1）、馬のような生き物を作る（図2）、飼っている亀を入れる囲いを作るなどの造形活動が見られた。その中でも興味深かったのは、おたまを道具として、粘土のかたまりを削っている子どもの姿（図3）であった。その姿は、まさに彫刻家の制作風景を彷彿とさせるものであった。その子は、粘土のかたまりを方々から削り、結局、球体のような形を作り、活動を終えた。

この子どもたちの行動の一連の流れは、粘土質土という自然の素材に出会い、触れ、遊びを通じて土という自然と

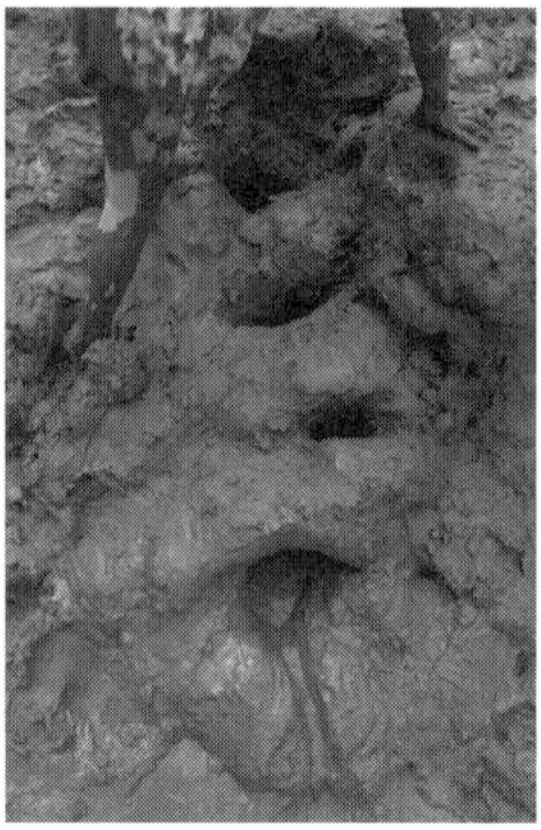

図1　お山作りから、複雑な形のトンネルを作る

図2　粘土質土の可塑性を生かして、生きものを作る

図3　おたまを使って粘土質土を削る

対話し、理解し、最終的には、土を使ってものを創るという造形的な活動に変化したと理解される。図画工作科の観点から言えば、土に触れる中で、造形遊びから立体表現への活動の変化が現れたということが出来る。

このプロセスで子どもたちは土という自然素材に触れ、立体表現の特徴を理解するとともに、土という自然との関わり方を学習する。これは広く人間が自然環境と関わる際の環境教育の原体験と言うことができ、造形表現活動そのものと並んで、意義深い学びと言える。

図画工作科における立体表現

図画工作科における「立体」に表す活動には、主題や構想に関する部分と材料に関する部分がある。領域は、「立体」「工作」「造形遊び」に分類されている。「工作」は、学年があがるにつれ、ねらいとする内容において用途が必要とされており、理解しやすい領域と言える。しかし、「立体」と立体表現活動に向かう「造形遊び」との違いについてはその境界線が曖昧であるため、図画工作科における指導に関しては、その考え方の違いをおさえておく必要がある。例えば、材料に段ボールを使った立体的な表現活動を考える場合、「造形遊び」では、段ボールという材料の操作によって結果として立体的な表現へと向かうのに対し、「立体」に表す活動は、例えば「○○のような塔」を作りたいといった立体に対するイメージを元に段ボールを材料として使い、組み合わせて立体の表現に向かう。

このように、教科としての観点からは、評価の観点とも絡み、それらの活動は異なるものとして捉えられる。しかし、同時に本来的な子どもの造形活動としては、立体表現に向かう子どもの姿として表裏一体であり、分離されるものではないことをおさえておかなくてはならないだろう。

美術科における彫刻の鑑賞活動

彫刻の表現やそれらの鑑賞活動は、自然物の美しさを感じ、自分の思いや願い、考えを自然材、人工材を使いながら表現したり、立体的な芸術作品を鑑賞することを通じて、芸術的な価値を理解することにある。そのことは、美術を愛好する心情を培い、心豊かな生活を創造していく意欲や態度を育て、同時に観察力、感性や想像力、構想力といった学習指導要領における課題の実現に迫ることになる。

わが国の学校教育で行われる鑑賞活動は、さまざまなＩＣＴ環境が整備されつつあるとは言え、現状では平面的な映像を通じてなされることがほとんどであり、立体作品の鑑賞には課題も多い。しかし、美術館での鑑賞活動に加えて、街の環境彫刻や建造物、寺院、教会、自然、庭園、日用品などの立体作品や立体的な造形物に触れることができる機会も多く、芸術的な体験や理解を得ることが望まれる。

障害をもった子どもの彫塑表現

子どもと彫塑のテーマを深く理解しようとする時、障害をもった子どもたちの立体表現活動に注目する必要がある。その最も好適な事例は、一九五〇年代初めに神戸市盲学校（当時）で福来四郎が行った実践であろう。当時、障害をもった子どもたちは不当な差別を受けており、神戸市盲学校に通学する子どもたちも同様であった。福来は、意気消沈する子どもたちに、彫塑の授業を導入する。もちろん目の不自由な子どもたちにとって彫塑の授業は当初、受け入れられるはずもなく、「見たことないもん作られへん」と子どもたちから批判を受けることになる。そのときの子どもの言葉が後に出版された実践紹介本のタイトルになる。この実践において最終的に出来上がった作品群（現在、神戸親和女子大学に保管されている）は、彫塑表現の本質的課題を考える上でとても参考になるので、取り上げてみたい。

図4の作品は、犬を表現したものである。中央の胴体部分にある六つのもりあがりは、肋骨を表したものである。福来はこの作品との出会いによって、触覚アートの表現世界を知ることになった。図5の作品は、長く伸ばされた両腕が首で交差されることによって作品の主題が明確になっている。

ここには小手先のテクニックに翻弄されることのない、彫塑表現の本質的な意義や値打ちが表れているのではないかと思う。

3Dプリンターと立体（彫塑）表現

現代の子どもと立体（彫塑）表現についておさえておかなくてはならないテーマの一つは、3Dプリンターと子どもの表現についてである。

子どもたちがデジタル上で設計した立体が3Dプリンターを使うことによって現実のものになる経験は、今後ますます増えてくるものと思われる。それは、これまでスキル不足のためにできなかった表現が可能になるという点において、立体表現の可能性が格段に拡がること

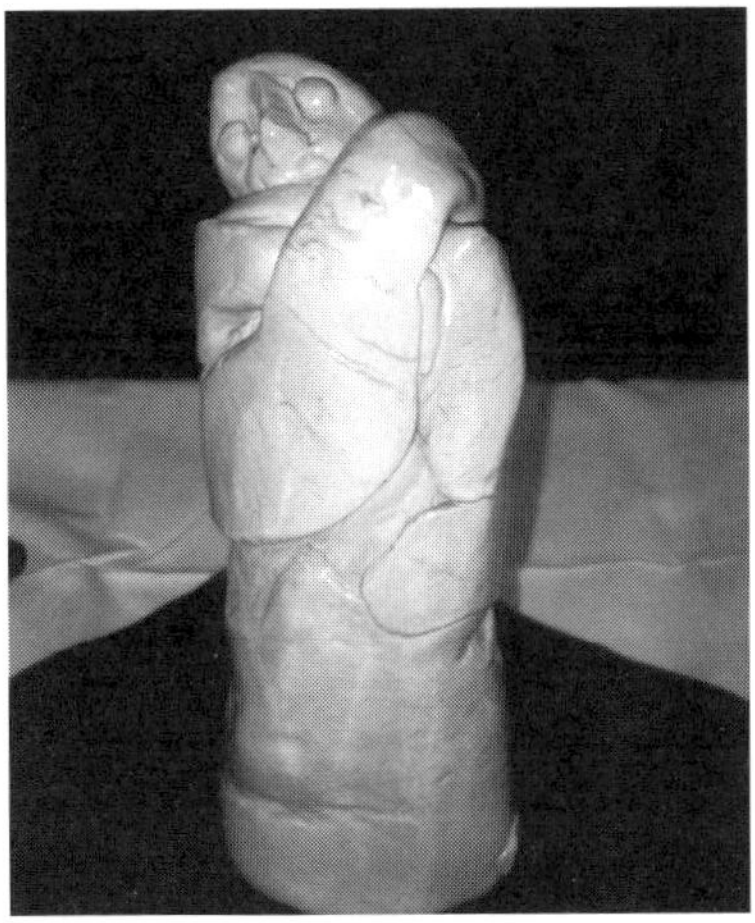

図5《自分で自分の首をしめる
こんな人が世の中にようけおる》

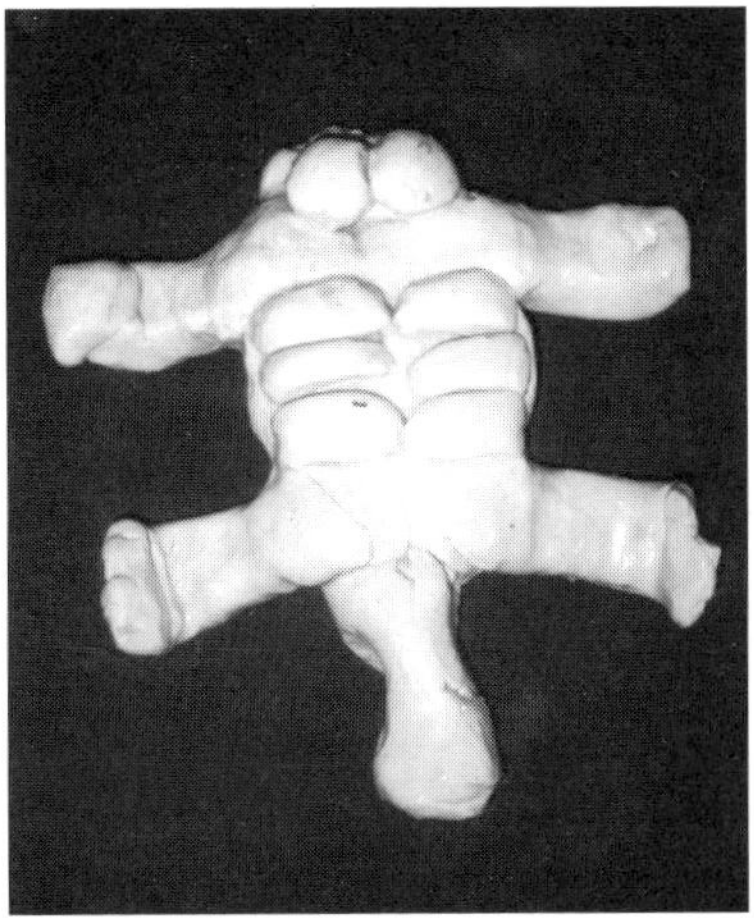

図4《肋骨のある犬》

を意味する。しかし、同時に彫塑教育として重視されてきた価値の問い直しも含まれることをおさえておかなくてはならないだろう。

これまでに述べてきたように、彫塑は実在する「もの（素材）」との対話の中で創られてきた。パソコンと３Ｄプリンターを媒介として、実在するものとの対話なしに彫塑作品の制作が起こりうる状況が生まれてきたと言えるのである。それは高性能な接着剤が開発されたことで、本来、ありえない接着の組み合わせを何の躊躇もなしに実現しようとする子どもたちの姿を組み合わせることで危惧も増大する。

例えば、流木、アクリル板やペットボトルの側面などに球体のビー玉やプラ素材の曲面を接着させようとする姿を見ることがある。これらの接着は不可能ではないにせよ、いささか無謀な行為とも見えるだろう。この事象は、コンセプトが前面に押し出されたデュシャン以降の現代彫刻が、素材の多様化、高度な加工技術によって自然との関係をもつことに消極的になり、人間の本質的な営みとしての「創る（＝つくる）」行為と疎遠になる状況を彷彿とさせる。

これらの状況を彫塑教育、さらには教育の問題としてどのように評価するかは、議論の分かれるところであろう。パソコンや３Ｄプリンターなどデジタル環境の発展を、人間の想像力を補完し、拡大するものとして評価しつつ、人間と自然（材）との遊離という問題を孕んでいるということをおさえた上で、慎重な議論が展開されなくてはならないだろう。

本章では、立体表現に関する一端を述べてきた。「立体」には「平面」にはない、いろいろな表現の独自性や見方がある。作品と場所や空間との関係にも着目した表現を意識することが、立体表現をさらに深く理解させることになるだろう。

参考文献

伊藤鈞『実践造形教育大系15　彫刻表現』開隆堂出版、一九八二年
白沢菊夫『塑造表現』(実践造形教育シリーズ5)、開隆堂出版、一九九四年
福来四郎『見たことないもん作られへん』講談社、一九六九年
真鍋一男、宮脇理監修『造形教育事典』建帛社、一九九一年

14　デザイン教育

新関伸也

「デザイン（design）」は、『広辞苑』（第七版、岩波書店）によると「①下絵。素描。図案。②意匠計画。製品の材質・機能および美的造形性などの諸要素と、技術・生産・消費面からの各種の要求を検討・調整する総合的造形計画」とあり、今日その意味する内容は多岐にわたり、細分化されている。しかし、歴史的にみると明治期以前には下絵や書画という言葉はあっても、「デザイン」という言葉すらなく、その概念や内容、方法の理解は明治後半からであり、本格的なデザイン認識は大正期以降であった。本章では、近現代のデザイン教育について、学校教育、特に普通教育に関係する事柄を中心に概観したい。

日本の近代デザインと教育

明治期の工芸教育

明治のはじめの頃、できたばかりの「美術」という言葉には、書画、彫刻、職人的工芸品ばかりでなく、音楽も含めた芸術全般が含まれていた。まだ、デザインという概念はなく、伝統的な様式を継承した「工芸」や装飾のための「図按（案）」といった用語でまかなわれていた。

佐賀出身の画家で工芸指導者の納富介次郎［1844～1918］は、一八七三（明治六）年のウィーン万国博覧会に参加したとき、ヨーロッパ各地の近代的な工芸品（主に陶磁器）やその技術を調査し、日本の工芸品の産業振興策と近代的な工業手法による量産化が必要であることを痛感する。その後、伝統的工芸品での文様意匠の改革に乗り出したほか、画家の図案で職人が制作する、いわゆる分業をいち早く取り入れる。また、「図按（案）」という言葉は、この頃に納富が作ったと言われている。

納富は学校での工芸教育を推進するために、一八八七（明治二〇）年、金沢工業学校を創立し校長となる。しかし国粋主義の台頭した時期に重なり、西洋式の学校経営に圧力がかかり、教諭に降格されている。ただ、それは長く続かず、旧知の富山県知事に招かれ、高岡に一八九四（明治二七）年、工芸学校を設立し再び校長に就任する。その後も、一八九八（明治三一）年香川県高松工芸学校、さらに一九〇一（明治三四）年には郷里の佐賀県工業学校校長として、地域の伝統陶磁器の量産化や図案指導に尽力した。このように納富にみられる明治期のデザイン教育は、徒弟制度による職人養成から近代的な学校での工芸教育振興への転換であり、産業化に結びつく専門教育であった。

教科書『新定画帖』と図案

明治期の普通教育でのデザイン教育は、教科書の「図案」として広がりをみせる。文部省から一九一〇（明治四三）年に発行された小学用の国定教科書『新定画帖』は鉛筆画と毛筆画の対立を超えて、米国での調査研究に基づき、教材の論理的体系化を目指して編集された。旧来の、手本を写す「臨画」を減らし、児童の発達に応じた画題を増やすなどの改善が加えられている。掲載教材として「景色、人物、動物、植物、器物、図案、図法」があり、「臨画、写生画、記憶画、考案画」で指導するものであった。鉛筆や定規、コンパスなどの用具を使用して技能習得の体系化を図っている。また、この教科書の「図案」では、自然物から模様を描きパターン化したり、幾何学的な連続模様を描いたりする題材が中心である。この間、一九一八（大正七）年に山本鼎による臨画廃止を目的とした「自由画教育運動」が巻き起こり、『新定画帖』は批判を浴びるが、改訂を経て二〇年間ほど使用されつづけたことを考えるとき、図画教育に与えた影響は少なからぬものがある。その後、関東大震災（一九二三・大正一二年）を前後して西欧諸国の芸術様式が輸入される中で、特にドイツの機能的デザインを認識したことで、デザイン的概念がようやく日本に芽生えてくる。

バウハウスとデザイン教育

近代のデザインやその教育を語る上で、バウハウスの存在と影響は大きいものがある。バウハウスは、一九一九年、ドイツのワイマールに設立された美術工芸学校である。初代校長をつとめた建築家ヴァルター・グロピウス［1883〜1969］は、「建築」を最終目標とすることで分断・専門化した工芸技術や造形の再統合を試みた。

創立当初は、工房で造形および工芸マイスター（教授）のもと、木工家具、金工、陶芸、壁画、織物、ステンドグラスなどの実習による技術習得をねらいとしていた。一方、招かれた造形マイスターには、ヨハネス・イッテン［1888〜1967］、ゲルハルト・マルクス、ライオネル・ファイニンガー、遅れてオスカー・シュレンマー、パウル・クレー、ワシリー・カンディンスキー、モホリ＝ナギが加わっている。これらの造形マイスターは、ほとんどが前衛的な芸術家であったため、伝統的な工芸マイスターと対立することもしばしばであった。

一九二五年、ワイマールからデッサウに移ったバウハウス時代には、グロピウスの設計した校舎や教員住宅が建設されるなど、幾何学的で機能主義と結びついたバウハウス建築様式を完成させる。また建築部門が増設され、スイスから招いた建築家ハンネス・マイヤーが一九二七年から校長の職をつとめている。設立以来、一九三三年にナチス・ドイツによって閉鎖に追い込まれるまでの一四年間、政治的圧力や経済的理由、さらに内部での造形教育方針の対立など紆余曲折を経て、グロピウスからマイヤー、ミース・ファン・デル・ローエと校長が替わり、またワイマール、デッサウ、ベルリンと学校を移している。

バウハウスの予備課程

バウハウスのカリキュラムでは、専門的なジャンルを学ぶ前の予備課程に特徴があった。はじめに予備課程を担当したヨハネス・イッテンは、自ら素材や色彩、形体の研究を進めながら、学生の造形的能力や個性を伸ばすため、素材と質感、形体と色彩、リズムと表現などをテーマに、平面から始め立体構成に至る演習を積極的に行った。これらの演習は、個々人の直観や体験、内的な感情を覚醒した後に知的分析や理解に向かう造形手法であった。こうしたイッテンの教育は、グロピウスの「芸術と技術——あらたな統一」という教育方針と対立し、抵抗したイッテンは一九二三年、バウハウスを去ることになる。その後、予備課程では、モホリ＝ナギ、ヨーゼフ・アルバースによって、より合理的にシステム化された教育が継承されていく。一方、イッテンは一九二六年にベルリンに造形美術学校を設立し、バウハウスで試みた予備課程での演習を継承発展させていくが、ナチスよって一九三四年に閉校に追い込まれる。

このようにイッテンやモホリ＝ナギによる感覚的演習から客観的な理解へと進む造形手法は、トップダウン的な徒弟教育とは異なる新たなデザイン教育に結びつくものであった。特に自然素材やテクスチャー、色や形による形体や色彩演習など個々人の感覚から造形要素を理解していく方法は、基礎造形の分野で今日まで影響を与えることとなる。

日本でのバウハウス教育の受容

日本で早くからバウハウスに注目したのは、建築家を中心とするメンバーである。まず、中国の青島《チンタオ》でドイツのユーゲント・シュティールの建築に感動した堀口捨巳や滝澤眞弓らがいる。彼らは歴史主義からの離脱をめざし、ウィーン分離派にちなんで「分離派建築会」を結成するなど、海外の新傾向を意欲的に習得していた。そして一九二二（大正一一）年、日本人として最初にバウハウスを訪問したのが、建築家の石本喜久治と美術家の仲田定之助である。二人は、帰国後バウハウスを美術雑誌や建築雑誌などで積極的に紹介し、その意義を広めている。またドイツに渡りバウハウスやグロピウスのもとで直接学んだ日本人には、水谷武彦、山脇巖、山脇道子、大野玉枝がいる。建築を主に学んだ留学生たちが、やがて日本で「バウハウス派」と呼ばれる建築スタイルを確立する。

構成教育

バウハウスでの教育に触発されて、日本で編み出されたデザイン教育が「構成教育」である。その指導的役割を果たした代表が建築家の川喜田煉七郎［1902〜1975］である。川喜田は、一九〇二（明治三五）年に東京に生まれ、東京高等工業学校付設工業教員養成所建築科を卒業後、自宅に新建築工芸研究所を開設する。バウハウス建築など西洋建築に興味をもちはじめ、独学でドイツ語を習得、美術批評家仲田定之助の蔵書を借りてデザイン理論を学び、また多くの示唆を受けている。一九三〇（昭和五）年、ウクライナ劇場国際設計コンペで四等入賞。翌年、モホリ＝ナギの『材料から建築へ』を邦訳、同年水谷武彦、仲田定之助、板垣鷹穂らと「生活構成研究所」を設立し、雑誌『建築工藝アイシーオール』を創刊、編集に携わる。一九三二（昭和七）年、東京銀座の浜田増治主催の商業美術学校内に「新建築工藝研究所」を開設、翌年「新建築工藝学院」と改称し、この学院において「構成教育」によるデザイン演習を学生に教授するとともに、地方講演や雑誌によってバウハウスを紹介し、かつ構成教育の確立に向けた実践を繰り返している。その成果として一九三四（昭和九）年には、構成教育の集大成である『構成教育大系』を武井勝雄と共著で出版する。この川喜田の新建築工芸学院で学んでいた学生に、亀倉雄策（グラフィックデザイナー）、桑沢洋子（桑沢デザイン研究所、東京造形大学創立者）、勅使河原蒼風（草月流創始者）のほか、現役の教師であった武井勝雄（東京市永田小学校）、間所春《まどころはる》（東京市横川小学校）、矢吹誠（神奈川県立横須賀中学校）、山之内幸男（東京市市ヶ谷小学校）らがおり、やがて戦後の日本のデザインやデザイン教育をリードする人々であった。特に、川喜田と共に構成教育を小・中学校などの普通教育へ普及させた武井勝雄、間所春の存在は際立っており、構成教育を学校教育の現場で支えていく貴重な存在となる。

造形教育センターとデザイン教育

戦前に武井や間所の実践した「構成教育」を継承し、理論と実践の両面から、普通教育としてのデザイン教育に影響を与えたのが、民間美術教育団体「造形教育センター」である。一九五四（昭和二九）年、グロピウスの来日を契機に、勝見勝（デザイン評論家）、山口正城（千葉大学）、高橋正人（東京教育大学）が中心となり、東京藝術大学正木記念館において、構成教育による作品展を開催した。ここで展示された児童・生徒や学生の作品を鑑賞したグロピウスは、かつてバウハウスで行われていた造形教育が日本で開花していたことに驚きつつ、その質の高さを激賞している。これを契機に一九五五（昭和三〇）年、日本橋丸善で造形教育センターの設立総会がもたれた。実行委員には、十余名の世話人のほか、岡本太郎、桑沢洋子、岡田誠一、村井正誠、豊口克平、山脇巌が加わり、美術家、デザイナー、教育家、評論家など多彩な人物が集結して設立されている。初代委員長には、高橋正人が選出された。

この設立の背景には、戦後の民間教育団体の運動とともに児童画中心であった当時の美術教育への批判や、デザイン・工作教育再興への動き、さらに幅広い造形性を意識した構成教育再生の願いを読み取ることができる。また、このセンターの活動は、構成教育の理念を引き継ぎながら、絵画・彫塑・デザイン・構成・色彩・形体・工作・視覚言語など造形全般を対象としており、普通教育での普及と実践をねらいとしている。さらに月例会、夏の研究会、作品展、ニュースの発行、出版などの各種事業が計画され、一九五六（昭和三一）年の夏の研究会では、「基礎的感覚練習、平面構成、立体構成、鑑賞と理解」をテーマにワークショップが永田町小学校で開催されている。初期では、モダンテクニックの追求などがみられ、一九五〇年代半ば以降になると、子どものためのデザイン理論からの追求や基礎造形のシステム化などの課題が共有される。会員には、構成教育を授業で受けもつ大学教員や学習指導要領の作成協力者、教科書の著者、教科調査官がおり、デザイン教育だけでなく美術教育に与えた影響は少なくない。デザイン教育に対するさまざまな考え方を経た現在も、今日的な課題のもとで造形教育のあり方を模索しつつ、実践研究の活動を続けている。

学習指導要領とデザイン教育

一九四七（昭和二二）年、戦後初の学習指導要領では、すべての校種で「図画工作科」として示された。構成教育に関する事柄として、目標の「新しい造形作品を創作し、構成する能力」や「形や色に対する鋭敏な感覚」などがある。内容は「色彩」「形体」「材料」を軸に、目的をもって制作するものであった。

一九五一（昭和二六）年学習指導要領では、校種別に要領が発表される。小学に「形や色に対する感覚を鋭敏にすること」が明記された。さらに、「作品を構成する材料の良否、構成の方法の適否を理解する力を養うこと」とある。中学では内容を「色・形・質・量などに関する理解。木材・金属・粘土・紙その他の部品素材の理解、構成形式および様式に関する理解、造形品を構成する方法に関する理解。均衡・リズム・変化・統一・調和・強調・適合などの美の構成要素に関する理解というように、「構成」の用語を一貫して使用している。

一九五八（昭和三三）年学習指導要領は、文部省告示で法的拘束性をもつようになる。また中・高では図画工作科から「美術」に科目名を変更する。技術的な「製図」「工作」が、新科目の「技術科」に移され、教科の質的転換を迫られることになる。一方、「デザイン」の文言が初めて登場し、小学三年から「用途を持たない自由構成や色や形の基礎練習」と「用途や目的を持った」デザインの二つの観点が示された。また中学の目標に「色や形などに関する学習を通して、美的感覚を洗練し、美的な表現能力を養う」とあり、「配色練習、形の構成練習、材料についての経験、表示練習」と記され、基礎造形の内容が取り込まれている。

一九六八（昭和四三）年学習指導要領（小学校）・一九六九（昭和四四）年学習指導要領（中学校）では、中学では新しく「工芸」が入り、「絵画・彫塑・デザイン・工芸・鑑賞」の五領域となり、図画工作科との関連や系統性を意識した。また、基礎練習から用途に応じたデザインを学ぶようになった。

一九七八（昭和五三）年学習指導要領では、小学では低学年の造形遊びに「構成遊び、材料遊び」、高学年のデザインに「造形の基礎、適応的表現、用具・材料」がみられる。中学では一、二年の「構成・デザイン」に「形、色彩、材料感・伝達、視覚伝達、技法」、三年に「構成・デザイン・工芸の製作」と統合的に示し、造形基礎を土台として精選している。

一九八九（平成元）年の学習指導要領では、工作的な内容の充実、形や色、材料を選択してデザインの能力を高め、生活に生かす態度育成や鑑賞指導の独立（高学年）が盛り込まれる。造形遊びが中学年まで拡大されたほか、目標を二学年分にまとめ、指導の弾力化が打ち出される。中学では、「身近な環境のデザイン」が加わり、「工芸デザイン」として用と美の結びつきを意図している。また、「形や色による構成」「身近な環境のデザイン」「視覚伝達デザイン」の三つが示されている。

このように学習指導要領の移り変わりを振り返ると、昭和二〇年代は色と形、材料による平面や立体構成、材料体験などの構成教育が中心で、昭和三〇年代になると「構成教育」から「デザイン」となり、用途の有無を区別した学習内容となった。以後、多少の変化はあるが、色や形、材料による構成と目的や用途を明確にしたデザインを学習の基本としている。また平成になると「身近な環境のデザイン」などの内容が加えられたことが特徴である。

以上、学習指導要領にみられるデザインの内容を俯瞰してみたが、バウハウス予備課程に源を発した構成教育の理念と方法が底流となって、わが国の普通教育でのデザイン教育が行われてきたことが理解できる。

参考文献
春日明夫、小林貴文『桑沢学園と造形教育運動――普通教育における造形ムーブメントの変遷』（桑沢文庫 9）、桑沢学園、二〇一〇年
杉本俊多『バウハウス――その建築造形理念』鹿島出版会、一九七九年
高山正喜久監修『デザイン教育大事典』鳳山社、一九八九年
長田謙一、樋田豊郎、森仁史編『近代日本デザイン史』美学出版、二〇〇六年
日本デザイン学会編『デザイン事典』朝倉書店、二〇〇三年

15　工芸の諸相と工芸教育

佐藤 賢司

道具と人間

〝人間とは何か〟という問いに対しては、歴史的にいくつかの定義がなされてきたが、ホモ・サピエンス（英知人）、ホモ・ルーデンス（遊戯人）などと並んで、ホモ・ファーベル（工作人）という定義がある。哲学者アンリ・ベルクソン［1859～1941］によれば、人為的にものをつくる能力、さらには道具をつくるための道具をつくる能力が、人間の特性であり、それを変化させつづける能力が、人間の創造性であるという。そこで本章で工芸を概観するにあたって、まず道具について触れていくこととする。

初期の道具は人間の身体機能の代替と拡張であった。水をすくう手のかたちがスプーンとなったり、物をつかむ機能が箸などのかたちになったのは、身体機能の代替である。さらにそれらを使えば、素手では持てない熱いものなどを持つことが出来るが、これは身体機能の拡張と言える。原始的な道具は、はじめ、自然の中から目的に適した形のもの（動物の骨、貝殻など）を拾ってつくられたが、やがてさまざまな材料の加工技術とともに高度に発達した。金属のスプーンを例に挙げれば、鉱石の採掘・金属の精製・打ち延ばしや鋳造などによる成型など、何段階もの工程を経て出来ていて、その各段階で実に多くの加工用の道具が用いられている。身の回りの道具一つを見ても、それをつくるためにどのような道具が使われたのかを考えると、いかに膨大で複雑な関係で出来上がっているのかがわかる。

美しさと道具

道具は、明確な目的があってつくられるものであるが、機能だけでは成立しない。形や色・素材を必ずもつ以上、そこには人の心情や感情に働きかける造形的な要素がある。縄文時代の火焔式土器のような過剰ともいえる造形に限らずとも、土器など器の表面に刻まれた線刻や色彩は、保存や調理に直接影響するものではなく、人間の精神的な面にはたらきかける要素と言える。また、狩猟・採集や調理の道具と同時に、古くから人間は、環などの身体装飾品をつくってきたが、当初は何らかの機能や呪術的な目的などがあったとしても、美しさそのものが目的化した例は多い。

機能と美を別々の要素として捉えたり、機能の充足が美しさを生むといった考え方もあるが、これらは別個の要素としてあるのではなく、どちらも道具と人間との関わりの重要な側面であると捉えるのが自然だろう。また、美しさと言っても、形や素材の美しさもあれば、加飾された装飾的な美しさもある。それらの質の違いも、道具の役割と大いに関係している。

工芸が示す範囲

これまで、道具について述べてきたが、ここからは、近代に成立した「工芸」という言葉（概念）についてみていきたい。

工芸は一般的には、〝実用性をもつ器物であり、優れた技術による美しい造形物〟と理解されていて、〝実用性をもつ〟という点が美術との違いとされる。「工芸＝用＋美」という考え方や、ほとんどの辞書などで採用されている「美しさを兼ね備えた実用品、またはその技術」という説明も、この理解に基づいている。また、手づくりであることや、自然の素材を用いていることが、工業製品との違いとされる。造形文化の諸領域を厳密に定義づけることは難しいが、工芸についてはおおよそ以下のようにその特性を示すことができるだろう。

◎器物など実用性をもつ造形であること
◎伝統的な素材と技術によってつくられていること
◎機能性だけではなく、形や装飾などの美しさが制作の目的であること

これから工芸についていくつかの側面から述べていくが、前提として留意しておくべきことがある。それは、工芸とは古くからある伝統的で安定した領域を指す概念ではない、ということだ。先に示した特性も固定的ではない。例えば、一九六〇年代、前衛陶芸の隆盛時に「オブジェ焼き」という言葉が用いられたが、それは用を排した陶芸を指すものであった。これは、実用性が必ずしも工芸の条件ではないことを示している。

「美術」同様に「工芸」も明治初期の造語であり、内国勧業博覧会の出品区分などを見ると、当初「美術工芸」または「美術工業」として、新興の「工業」との差異を求められた領域が、現在の工芸につながっていることがわかる。意外かもしれないが工芸という分野がまずあって、その中で特に美術的なものが「美術工芸」と呼ばれたのではなく、工芸は当初から美術に深く関係していたのである。一方で、黒川真頼《まより》による『工芸志料』（一八八八・明治二一年）のように、現在でいう絵画や彫刻から建築までをも含む包括的概念として工芸の語を使用している例もあり、ここからも決して安定した概念ではなかったということが言える。このことを踏まえつつ、次節からは工芸の諸相を概説していく。

伝統と工芸

伝統工芸とは、工芸を語る際に比較的よく使われる言葉であり、一般的かつ広義には文字通り「伝統」をもつ工芸をさすが、歴史的には二つの特徴的な意味づけがなされてきた。一つは「伝統工芸」、もう一つは「伝統的工芸品」である。

まずは「伝統工芸」だが、これは日本工芸会が文化庁とともに開催する「日本伝統工芸展」（一九五四年、第一回展）の作家・作品・技術を主に指す言葉であった。この展覧会は、「文化財保護法の趣旨にそって、歴史上・芸術上価値の高い工芸技術を保護育成するため」に開催されるもので、その中心は重要無形文化財保持者（人間国宝）である。そして重要無形文化財に指定される対象は工芸技術である。日本工芸会設立・第一回展の主旨には「伝統こそ工芸の基礎になるもので、これをしっかりと把握し、父祖から受け継いだ優れた技術を一層練磨するとともに、今日の生活に即した新しいものを築きあげることが責務」(強調は引用者)とある。ここからわかるように、「伝統工芸」において最も重要なのは、優れた工芸技術なのである。

一方の「伝統的工芸品」にも法的な規定がある。一九七四(昭和四九)年に通商産業省(当時)が中心となって制定した法律に「伝統的工芸品産業の振興に関する法律」があり、それにより「伝統的工芸品産業」が指定される。これには、①主として日常生活の用に供されるもの、②製造過程の主要部分が手工業的であること、③伝統的な技術又は技法により製造されること、④伝統的に使用されてきた原材料が主たる原材料であること、⑤一定の地域において産地を形成していること、の五つの基準があり、さらに「おおむね一〇〇年にわたり生産が継続されていること」が求められる。つまり、一〇〇年以上続き、かつ地域に根差した手工業が「伝統的工芸品産業」ということになる。これは個人作家による工芸作品ではなく、産業としての工芸を指すものであり、先の「伝統工芸」とは異なるものだ。

もちろん「伝統工芸」と「伝統的工芸品」は、相反するものでもなく、工芸の重要な部分を占めるものとして重なるところも多い。特に共通するのは第二次世界大戦後の経済復興に伴って、日本の伝統文化を明確に価値づけた点である。いずれにせよ、両者ともゆるやかなイメージで形成された概念領域ではなく、一定の意思の基につくられた概念であることを知っておきたい。

民芸(民藝)

「民芸」とは、美学者・宗教哲学者である柳宗悦[1889〜1961]による造語で、「民衆的工芸」の略である。柳は著書『工芸文化』(一九四二年)において、「貴族的工芸」「個人的工芸」「民衆的工芸」「機械工芸」という四つの工芸のあり方を示し、その中の「民衆的工芸」が工芸の本質であると述べた。日本各地や朝鮮半島などの日常雑器に美を見出した柳は、過剰な装飾や鑑賞のみを目的とした工芸を不健康なものとし、仏教の教えを引きながら素朴な雑器の美を説いた。そして、東京駒場に日本民藝館を設立し、民芸運動を勢力的に進めた。急速な近代化の中で失われつつあった地方の工芸品に光が当てられ、保存収集されたことは、柳の大きな功績である。また、アイヌや沖縄の文化の保護を訴えたことも特筆されよう。何よりも体系だった工芸論を初めて構築したのが柳であり、民芸論（工芸論）がその後の工芸のイメージ形成に与えた影響は大きい。柳が示した民芸の特性・条件は、以下のように明確である。

①日常生活での実用性を供えたものである。②作家ではなく無名の職人によってつくられたもの（無銘）である。③民衆のために数多くつくられたものである。④民衆が買い求められる廉価なものである。⑤くり返しの作業（反復）による熟練の技術によるものである。⑥地域の風土に根ざした地方色がある。⑦共同作業によってつくられている。⑧古くからの経験（技や知識の積み重ね）により材料・工程が維持されている。⑨個人ではなく、目に見えない大きな力によって支えられている（他力性）。

現代社会ではこのような条件を完全に満たすことは難しく、厳密な意味での民芸というよりは、その精神を受け継いだ工芸の在りようが模索されている。

クラフト・クラフトデザイン

技能・技巧・手工業などの意味をもつ英語の「craft」の日本語表記である「クラフト」は、一般的に工芸よりやや広い範囲の手工芸や手工業を指し、手芸と言われるものも含む。また、一点制作ではなく、一部機械も用いた複数生産が可能なものを指す場合が多い。

クラフトデザインは、日本の経済成長とともに普及した概念と言ってよい。「新しい生活にあった手工業品」というイメージは、北欧のデザインなど海外の情報がもたらされたことなども大いに影響していたと思われる。一九五六年に設立された「日本デザイナークラフトマン協会」は、一九七六年に「日本クラフトデザイン協会」と改称し、日本のクラフトデザインを牽引してきた。その目的には「人材育成に務め、クラフトデザインの普及を図り、その向上に資する。もって産業の発展と国民生活の文化的向上に寄与すること」とあり、やはり新しい生活文化を意識したものであったことがわかる。協会主催で一九六〇年に第一回が開催された「日本ニュークラフト展」は、「暮らしを創るクラフト展」「日本クラフト展」と名称を変えながら継続的に開催され、多くのクラフト作家・デザイナーを輩出した。

素材と技法

これまで、伝統工芸や民芸、クラフトなどの工芸の諸相をみてきたが、ここでは実際に使われる素材や技法から工芸を分類し概要を示す。

陶芸　窯芸《ようげい》（窯工芸）という場合もあるが、いわゆる焼き物のこと。工芸の中でも、最も盛んな分野の一つであり、実用品から造形作品まで実に幅広いものがある。

◎土器　多孔質・無釉の焼き物で、古くは縄文土器や土偶など。

◎炻器《せっき》／陶器　一般的には、粘土を成形・乾燥・素焼きし、施釉後に本焼きしたもの（無釉の焼き締めもある）。吸水性のないものが炻器、やや吸水性のあるものが陶器。

◎磁器　白い素地を高温で焼いたもので吸水性はない。

木工芸・竹工芸　木材や竹を素材としたもの。素材や目的によってさまざまな技法が駆使される。

◎指物《さしもの》　板材などで箪笥《たんす》などの箱ものや家具などをつくる技術。接合面を複雑に組む「継手《つぎて》（組手）」の技術が高度に発達している。

◎挽物《ひきもの》　ろくろで木材を回転させて削る技法。椀などの器やさまざまな道具などがつくられる。

◎彫物　鑿《のみ》や彫刻刀などで木材を彫る技術。精緻な木彫の他、素朴な刳物《くりもの》などもある。

この他、薄板を熱して曲げる曲物《まげもの》など、各地に特徴的な技術が残っている。また、竹工芸には「編む」という技法があり、細かな編み目の幾何学模様が見られる。

金属工芸　鉄や銅、あるいは金や銀、その他貴金属などさまざまな金属素材を成形・加工する技法。

◎鋳金《ちゅうきん》（鋳造）　融解した金属を型に流し成形する技法。仏像（金銅仏）や梵鐘《ぼんしょう》などもこの技法でつくられる。

◎鍛金《たんきん》　金属を槌《つち》で打ち絞るなどして成型する技法。鎚起《ついき》などという場合もある。

◎彫金　金属器などの表面を鏨《たがね》で彫ったり、別の金属を象嵌《ぞうがん》するなどして装飾する技法。

染織　主に糸や布などを、染める・織るなどして、模様などを表す技法。ステンシルやスクリーン捺染、さまざまな組織織《そしきおり》などもある。

◎蝋染《ろうぞめ》　ロウケツ染め（正倉院に残る﨟纈《ろうけち》が語源）ともいう。布に熱したロウを置き、模様を染め抜く。
◎絞染《しぼりぞめ》　布を糸などで絞って模様をつける方法。
◎糊染《のりぞめ》　防染剤として米糊などを用いた染め。筒描《つつがき》や型などを用いて布に糊を置き、その後染める。一般的に渋紙《しぶがみ》の型を用いて糊置きするものを「型染め」という。
◎綴織《つづれおり》　緯糸《よこいと》に色糸を使い、模様を織りだす。タピスリーから和服の帯などまで、多く用いられる織りの技法。

漆芸（漆工芸）　主に木製の生地に、漆の樹液から精製した塗料を塗る技術。貝殻を埋め込んで模様を描く螺鈿《らでん》や、細かい金属粉などを蒔いて模様をつくる蒔絵《まきえ》など数多くの技法がある。

現代の工芸、工芸教育の意義と再考

明治期に工芸という言葉が使われて以来、さまざまな主張や実践が見られたが、現代は、異なる様相の工芸が共存し、時に関係しながらそれぞれに展開している。また、一九六〇年代からの前衛工芸の動きは、海外の動向とも連動して、クレイ・ワーク、スタジオ・グラス、ファイバー・ワークなどの造形作品的な工芸につながり、実用的工芸とは別の流れをつくった。

一方、教育の中での工芸的な内容は、手工、工作、工芸などその呼び方や解釈の幅はあっても、一定の教育的意義が認められ現在に至っている。明治以降の概念形成の過程で工芸を定義づけた「実用性」は、そのまま指導内容につながり、機能性や使う者の気持ちなどの目的・条件を充足した造形の発想や、それを実現する技能の指導が求められた。自ら主題を生成し自由に表現を工夫する絵画や彫刻とは、異なる特徴づけがなされてきたのである。また、素材・技法を含む伝統の継承や、生活の意識化なども、教育の中で工芸が担う重要な役割とされてきた。

現在の中学校美術科においては「デザインや工芸に表す活動」とまとめられ、使用目的や使用する者の気持ち、材料などから発想・構想する資質・能力を育成するものとして位置づけられている。また高等学校芸術科・工芸では、教科目標に「生活を心豊かにするために工夫する態度」の育成があげられ、内容（指導事項）の項目も「身近な生活と工芸」と「社会と工芸」となっている。これらのことから、生活を構成する諸要素を意識し豊かな生活を創造すること、また社会的な視点で生活を捉える態度の育成が、工芸教育の重要な目的の一つであることがわかる。

しかし、これまでみてきたように、工芸は決して自明な領域ではなく、その特性を固定的に捉えることはできない。現代においては、工芸を狭く解釈するのではなく、生活と造形の関係、手仕事の意味、素材とプロセスの必然性、伝統の解釈、装飾と形態の関係、造形の思考など、多視点的に再考していくことが大切だろう。それらはさらに広く造形芸術・造形教育を考える鍵にもなるからである。

参考文献

金子賢治『現代陶芸の造形思考』阿部出版、二〇〇一年
北澤憲昭『アヴァンギャルド以後の工芸――「工芸的なるもの」をもとめて』美学出版、二〇〇三年
鈴木健二「工芸」、『原色現代日本の美術　第14巻　工芸』小学館、一九八〇年
前田泰次『工芸概論』東京堂、一九五五年
柳宗悦『民藝四十年』（岩波文庫）、岩波書店、一九八四年

16 創造的な美術鑑賞を目指して

直江 俊雄

鑑賞教育における能動性

芸術を通して自己の思想を形成し、それを社会に対して適切な手段で表明し、また異なる思想を真摯に理解しようとする人間を育てることが、民主主義社会における美術教育の一つの理想だとしよう。「表現」の学習は、創造性の名のもとに、少なくとも表面上はそうした大枠に対する合意ができているように思われる。すなわち、過去の文化を学び、その文化への応答を契機として、学習者がそれぞれのレベルにおいて自らの表現を探究する中で、何らかの新しい知識や価値を見出そうと能動的に学習を進めていくという理想である（実際の指導においてそうなっているかは、常に批判と反省が必要であろう）。一方、もし「鑑賞教育」が、権威者が定めた知識を学習者が受け取るという図式に支配され、学習者が自ら知識を探究するという視点を欠いているならば、自立した思考と判断のできる人間を育てるという理想に、「表現と鑑賞」からなるという美術教育の半分が逆行することになる。表現と鑑賞は一つの授業の中で密接に関わることが期待されており、学習の目標と評価における一貫性という観点からも、鑑賞教育に関わる価値観と方法を問い直すことは重要である。

これまでもわが国を含む世界各地で、創造的な鑑賞教育を目指したさまざまな取り組みが行われてきたが、それらを踏まえて、美術教育の深化を教室の隅々にまで広げていくことが重要である。本章では、美術鑑賞に関わる実践的理論を厳選してそれらの基本的な論点を提示することから、この問題を考える契機を提供する。

美術批評の学習論

欧米の子どもたちは、一般に美術作品の鑑賞において積極的に自分の意見を表現すると思われるかもしれないが、必ずしもそうとは限らない。アメリカの美術教育学者エドマンド・フェルドマンは『芸術による人間教育——学校における美的経験(Becoming Human Through Art: Aesthetic Experience in the School)』(一九七〇年、Prentice-Hall)の中で、美術鑑賞で人々が消極的になってしまうことが非常に多いのは、専門家(教師、学芸員、美術館ガイドなど)から、作品についてすべて教えてもらうことを前提としているからだ、と主張した。そして、こうした鑑賞教育の問題点を、「誰か他の人が食事をして、どれほどおいしいかを話してくれるレストランに行くようなもの」であると糾弾し、学習者自らが価値判断を行う力を身につけていくために美術批評の手続きを学ぶことの重要性を強調する。手続きは学ぶことができ、訓練によって上達していく。美術批評の学習手続きには諸説あるが、ここではまず、「記述・分析・解釈・判断」の四つの側面から概説する。

記述　作品を観察し、見えるものの一覧を作成する。多くの場合、それは形容詞と名詞の組み合わせの形で、目に見えた情報から客観的に確定できる内容のみを述べていく。この段階では、解釈や判断を含むような誘導的な記述、例えば「強い、美しい、調和した、奇妙な、さわやかな」などを避け、「まっすぐな、大きい、なめらかな、明るい、赤い」など中立的な用語の使用を心がける。

分析（形態分析）　記述で列挙された項目の間の関係を述べる。例えば、位置、大きさ、形相互の関わり方、色（色相の類似や対比、明度や彩度など）、テクスチャー（表面の質感）、空間と量（奥行き、図と地の関係などを含む）などである。

解釈　記述や分析で得られた観察結果をまとめて、作品の表す意味を見出す。このときに、美術史からの知識や、学習者自身の知識・経験を用いることができる。同時に、想像力を用いて、誤りを恐れず仮説を立て試行錯誤する過程が重要であり、感情、比喩、非論理的な考えなども排除しない。

判断　作品の価値を決めることであり、自分自身の判断基準をもてるようになることを目指す。根拠を示さない判断、専門家の権威に依存した判断を超えて、例えば作品構成自体の卓越性、伝わってくる感情や思想、社会的役割などによってその根拠を示す。

記述と分析の過程には次のような学習上の意義がある。第一に、美術鑑賞の初心者が陥りやすい「結論にすぐ飛びつく」傾向を是正することである。これには、観察技法やそれに伴う忍耐力の獲得も含まれる。第二に、解釈の過程を充実させるために、その根拠となる事実を十分に集積することである。第三に、作品について他者と議論するための客観的な共通理解の基盤を確立することである。

解釈は何でもよいというわけではなく、従うべきルールがある。解釈に合わせて事実を変更したり無視したりしないことである。また、作者が抱いていた作品の意図は唯一の答えではなく、作者が意識しなかった新しい意味を鑑賞者が見出すこともあるし、時代や社会の変化で新たな価値や解釈が付与されることもある。作品から得られる視覚的事実の大部分を説明できることと、作品と鑑賞者の間に最も意味のあるつながりを生み出すことが、よい解釈の条件である。

フェルドマンは、美術批評を学ぶことによって、美術作品を学習者自身にとって意味のある存在へと変え、彼らの人生に取り込むことが出来ると考えていた。そのための教師の役割とは、学習者が批評活動を行うための刺激となるような質問の手順を計画することであり、言葉で述べさせるだけでなく、現代でいうゲームやワークショップともいえる演習課題の例も多数提案している。ここでは事例を述べるスペースはないが、美術批評の学習論を基礎にして、筆者も多数のアートゲームを作成し実践してきた。客観と主観、視覚的イメージと言語的思考の間を子どもたちが往還しながら学習を深めるように導くという枠組みは、今日でも私たちが鑑賞教育を工夫し実践する際に、わかりやすい拠り所になるように思われる。

美術鑑賞の授業における学習者中心アプローチ

記述・分析・解釈・判断の四つの側面による美術批評の枠組みは、単なる感想か既存の知識の理解かという二極の分裂から学習を救い、より洗練された学習指導を組み立てる上で、現在でも参照できる有用な視点である。そしてまたこの基本的な枠組みを基礎として、さまざまな現場への応用や新しい提案などが開発されうる。例えばイギリスのリチャード・ヒックマンは、論文「美術理解のための生徒中心アプローチ（A Student Centered Approach for Understanding Art）」（一九九四年、*Art Education*, vol.47, no.5, National Art Education Association）の中で、フェルドマンの功績を認めつつも、その枠組みが批評家という専門家の思考をモデルとしているため、教育の場面で実際に子どもたちがどのように振る舞うかという視点が十分に考慮されていない点を指摘し、四つの「R」に基づく学習者中心のアプローチを提案した。

「REACT」（反応する）　学習者が最初に美術作品に接したときの率直な感情の動きに注目する。「作品を見てどんな感じがしますか」「何を思い浮かべますか」のような問いが対応する。

「RESEARCH」（調査する）　学習者が作品について系統的に探究することを促す。この調査には二つの側面がある。一つは美術作品内部の探究であり、造形要素、作品の内容、制作過程などを詳しく見ていく活動である。もう一つは美術作品外部の探究であり、作者の意図、社会的・歴史的・文化的・技術的背景、影響した可能性のある理論や思想などを調べる活動である。

「RESPOND」（応答する）　系統的な調査によって見つけ出した知識に基づいて、「熟慮された」応答を作り出す活動である。「作者自身や作者に関わる事柄についてわかった上で、今度は作品についてどんなことを感じますか」という問いが対応する。

「REFLECT」（省察する）　これまでの活動を総合して、その美術作品の意味や本質を熟考することである。「それは、あなたにとってどんな意味がありますか」「あなたに関わる問題と、どのようにつながりますか」という問いが対応する。

学習評価の実際においては、最初の素朴な「R」（反応する）とその後の学習を反映した第三の「R」（応答する）との間の変化が、学習者の発達を見る上での一つの手がかりとなりうる。また、この四つの「R」は、必ずしも直線的な順序を示すものではなく、例えば第四の「R」（省察する）は、出来る限りあらゆる機会に奨励されるべきである。

学習者自身が主体的に探究し判断する力を伸ばすという意味で、フェルドマンの美術批評による教育論は元来、学習者中心の鑑賞教育を志向したものであったが、ヒックマンは学習者の側の具体的な活動という側面から説明することによって、批評家と学習者双方の側面を一つの学習の中に統合し、実践できるようにしたということが出来る。

学習者中心のギャラリートーク

ここでいう学習者中心のギャラリートークとは、日本では福のり子や上野行一らが主張する「対話型」あるいは「対話による」鑑賞や、アメリカの心理学者アビゲイル・ハウゼンと美術館教育指導者フィリップ・ヤノウィンの提唱したヴィジュアル・シンキング・ストラテジーなどを便宜的に総称したものである。これらの指導法では、美術館展示室や教室で作品を鑑賞しながら、学習者集団が中心になって作品の解釈を作り出していき、それを促すのが教師の役割であるとする。ここでは主に、ハウゼンとヤノウィンの『ヴィジュアル・シンキング・ストラテジーズ基本マニュアル（Visual Thinking Strategies, Basic Manual）』（二〇〇〇年、Visual Understanding in Education）をもとに、筆者の指導経験も交えながら述べる。

この指導方法は学習者中心の鑑賞を導くために、教師がどのように振る舞うかを厳格にトレーニングするという点に特徴がある。子どもたちに作品を見せてそこで何が起こっているかという問いを発した後は、教師はひたすら子どもの思考を写す鏡になって、その発言を一つ一つ言い換え、発言の根拠を作品の中に探す問いかけをし、参加者全員が共有できるように指さし、時々それまでの発言を振り返ってつなげ、もっと見つかることはないかとさらなる探究を促しつづける。すべての発言を尊重して受けとめ、あらゆる解釈の可能性を共に探り、子どもたちが自らの力で作品の意味を探りつづける態度を養うことに注力する。

よくトレーニングを積んだ教師によって適切に導かれると、子どもたちはハウゼンの美的発達段階説に対応するように、夢想的な物語を語ったり、知識を用いて作品の中の不可解な点を批判したり、作者の表現意図を意識した発言を行うなど美術史的な観点を交えたりしながら、大人が驚くほどの集中力で、互いの発言を拠り所にさまざまな解釈の可能性を飽くことなく探り続け、自ら誤りを修正しながら、個人で鑑賞しただけでは到底発見できなかったような奥深い視点を含んだ解釈にたどり着く。ただし、こうしたギャラリートークの場面を表面的に見て、単に子どもたちに自由に語らせるだけではその力を引き出すことはできないので、指導者はその理論と方法の研修を十分に積んで実践することが求められる。

子どもたちが「間違った」解釈をしたまま話し合いが終わったら、教師は「正しい」知識を教えるべきかという議論があるが、それはその時の授業の目標に沿って判断すべきである。美術に一つの正解はなく、永遠に問いかけと答えの可能性を行き来しながら、人間と世界について探究しつづけるのが美術の意義であると学ぶことを目標にした授業なら、その時に子どもたちがたどり着いた解釈は「一つの可能性」であることを強調して、その後も探究を続けるように示唆することも一つのあり方だろう。歴史的・背景的な知識がなければ「正しい」理解が難しい作品よりも、もともと鑑賞者による多様な解釈を前提として制作された作品や、「正解」が不明で専門家の間でも謎の多い作品を教材に選ぶことも一つの方策であると思われる。

ヴィジュアル・シンキング・ストラテジーでは公式に認めていないが、その学習の過程は、例えば来談者中心のカウンセリング等において、カウンセラーが来談者の発言を一つ一つ言い換えながら受けとめ、来談者が自ら答えを見出していくことを支援する過程と類似している面もある。また、筆者が行った実験では、この鑑賞を実施した前後で参加者の心の「活性度」と「安定度」が総合的に向上した結果が得られたが、これはギャラリートークのような公共の場や集団の中で発言する鑑賞の場面では、学習者に強い緊張と抑制が働くとの当初の予想に反するものであった。この結果からは、ギャラリートークの方法そのものが参加者の心に作用している可能性が示唆される。

教師とは、よき問いを与える人

子どもたちの批評的思考を伸ばすことを目指し、主観と客観、視覚と言葉、意味と根拠との間を往還する点において、本章で紹介した三つの学習論は共通しているとも言えるが、興味深い相違点がある。フェルドマンは子どもたちが浅薄な結論に飛びつく過程をできるだけ引き延ばすために、記述、すなわち見えるものの一覧を作ることの意義を強調する。ハウゼンとヤノウィンの場合は逆に、「意味を見つけ出すことにはやりがいがあるが、一覧を作ることはそうではない」として、最初に解釈を作り出すことを推奨し、その根拠はあとから皆で検証するのである。一方ヒックマンは、子どもたちによる最初の素朴な思いつきを尊重しつつ、知的探究を経た上で再び内省的な問いかけに戻るという点で、教室における授業実践の現実に対応している。

ここで紹介した鑑賞にかかわる実践理論は、本章での議論のために主に海外における例を厳選したものである。わが国でもこれまでに鑑賞教育の指導方法が盛んに開発され、実際にはどの方法によるべきか選択に迷うこともあるだろう。しかしそれらの鑑賞教育論において、多く共通する点が一つある。それは、よく見て自分で考える機会を学習者にもたらすために、教師がいつ、どのような問いかけを行い、どのような刺激を与えたらよいかについて、心を砕いて検討しているということである。

美術鑑賞に関与する当事者として、作者、専門家（批評家、美術史家、教師）、鑑賞者の三者を仮定するならば、現代においては、前二者の作り出した文化や知識を鑑賞者ができるだけ正しく受容するという図式だけではなく、鑑賞者の作り出す意味にも重要な役割が認識されるようになった。また、現代の芸術家たちが、解釈を鑑賞者に委ねたり、鑑賞者と共同で意味を作り出したりすることを志向する場合も多い。そして教育者の側にも、身につけた知識を活用して現実の課題に向き合う能動的な学習者の育成が期待されている。

受動的な鑑賞者から能動的な鑑賞者へ、権威への追従者から自立した判断のできる成熟した市民、芸術家とともに文化形成に関与する意識をもった創造的な観衆への成長を目指す動きがある。その中で、かつて表現の学習が子どもの創造性を解放したように、鑑賞の学習における創造性とは何かと問い続けているのが、現代の鑑賞教育の一つの姿ではないだろうか。そこにおける私たち教師の役割は、子どもたちが生きる実感としての知識を形成するために、美術を通してどのような問いかけをすればよいのか、考え抜き実践していくことであろう。

参考文献

石崎和宏、王文純『美術鑑賞学習における発達とレパートリーに関する研究』風間書房、二〇〇六年

神林恒道、新関伸也編著『日本美術１０１　鑑賞ガイドブック』三元社、二〇〇八年

直江俊雄「集団での鑑賞活動と心理的快適度――二次元気分尺度による測定を手がかりに」『芸術研究報』31号、二〇一一年

マイケル・J・パーソンズ『絵画の見方――美的経験の認知発達』尾崎彰宏、加藤雅之訳、法政大学出版局、一九九六年

フィリップ・ヤノウィン『どこからそう思う？　学力をのばす美術鑑賞　ヴィジュアル・シンキング・ストラテジーズ』京都造形芸術大学アート・コミュニケーション研究センター訳、淡交社、二〇一五年

17　美術教育と美術／アート

神野真吾

日本において「Art」は、広義には「芸術」、狭義には「美術」と翻訳され用いられてきた。そして近年には「アート」というカタカナ表記が、学校教育の現場などでも指導案などで用いられることが珍しくなくなっている。そこで留意すべきことは、それぞれの指し示す内容が必ずしも一致しないということだ。それらの整理を試みることで、美術教育を現代にふさわしいかたちに更新していくのに必要な基本的な視座を得られると考える。

つくられた日本の「美術」

日本の近代化が、欧米の知識や制度、そして文化を急速に翻訳、翻案し摂取に努めることで実現されたことは誰もが知るところだが、「美術」もまたそうしたものの一つである。かつて、「美術」という語は日本に存在しなかった。

つまり、西欧で発展した制度としての「Art」を見る眼差しを、私たちはもってはいなかったということである。

通説では、一八七三年のウィーン万国博覧会への参加に臨み、西洋の概念の翻訳を通して「美術」という訳語が生み出され、その後定着したと言われている。この万博は日本が国として初めて公式に出展したもので、出展にあたり、日本国内の文物を万博の出展カテゴリーに従って整理し直す必要にせまられ、「美術」という訳語が誕生したのである。ただし、この初出については疑義もある。このとき「美術」という語が充てられた元のドイツ語「Kunstgewerbe」は、今でいう「工芸」を指していた。この翻訳に添えられている美術の範囲についての割り注も原文にはなく、それが付された背景も未だ解明されていない。ともあれ、この時代、欧化政策の中で日本の文化を西欧の文化の枠組みに合わせて構成し直すことを余儀なくされたのだ。

近代化以前の日本になかったものとして、自律した「絵画」という概念を例にあげることもできる。日本画が伝統を有した日本固有の絵画だというレトリックは、この時に誕生したと言うこともできる。また、その過程でこぼれ落ちたものについてあげるなら、書と画が共存し、専門的画家が制作してはいない文人画をそれにあてはめることができよう。普通教育としての美術教育が、日本の伝統的文化である文人画をほぼ扱ってこなかったのにはそういう理由がある。また室町時代の水墨画の代表作として《瓢鮎図》が教科書で紹介される時、ほとんどの場合その絵の部分だけが図版化され、画面上部の賛が示されないというのも、純粋な「絵画」のみが「美術」に含まれるべきだという考えが反映されたものとして見ることが出来る。これらの事実は、文化としての美術を扱う上で非常に大きな問題をはらんでいると言える。特に「伝統」や「美術文化」が教科内容として重視されるようになっている現代においては、なおのことである。

さらにより深刻なのは、西洋において発展した制度としての近代「美術」を輸入した際の枠組みのまま、現状の日本の美術概念が更新されない状況であることだ。このことは、教科の現代性をどう担保するのかという課題においてきわめて大きな障壁となっている。この問題と「美術」と「アート」という言葉が使い分けられていることには、大きな関係があるのだ。

Artと美術／アート

西洋の「Art」の定義はとても幅が広い。ギリシャ時代における人間が何かを意図に基づいて生み出す「(製作)術」のすべてを指すことから始まり、熟練的技術へと位置づけられた中世を経たあと、類い稀な独創性によって生み出された「(視覚的に)美しい」絵画や彫刻の類いを「Art」と呼ぶようになっていく(図1のルネサンス期がそれにあたる)。こちらは相当に限定的なものになるが、職人が作る単なる製品とは異なる、より高い価値を有するものという位地を占め、独自の制度として発展していく。そして近代以降は、個が認められ価値を有するようになる中で、自分自身の思想感情を表す表現行為として理想化される。一方で神による世界という価値観から自由になり、人間自身が世界を担うようになり、さまざまな領域が専門分化し自律性を高めていく中で、感性に関わる領域として独立した価値をもつものとして扱われるようになる。このように時代とともに変化しつづける幅の広い語としての「Art」の日本語訳として「芸術」がある。しかし、「美術」という限定的な訳語も存在し、こちらは絵画あるいは彫刻といった極めて狭い範囲に限定されがちだ。西洋近代の視覚・造形に関わるものが「美術」と呼ばれてきたとも言えるだろう。そして、教育を含めた美術に関わる諸制度もそれに沿って展開されていく。

では近年、「アート」が多用されているのはなぜだろう。この語の使用例にも幅があるため、明確に定義づけることは容易ではないが、多くの使用例に共通するのは、「技法や素材、作品の形態が従来の美術(近代美術)で用いられてきたのとは異なっているもの」を指しているとは言えるだろう。つまり、「美術」という語が意味する範囲が絵画や彫刻という極めて限定的なものに留まる一方、二〇世紀以降の「Art」は、新しさを求めて伝統的なものを破壊し、それらを乗り越えていくことをその行動原理としたため、常に新しさが付加されつづけてきた。それらを、日本では「美術」という概念に包摂することができなかった。そこに充てられたのが「アート」という語だと指摘することにそれほど無理はないだろう。

英語では、近代美術は「Modern Art」であり、現代美術、現代アートは「Contemporary Art」である。そこには「Art」という連続性があり、付加された形容詞は時間的説明の役割を果たすものだ。しかし、日本語の「モダンアート」は、時代区分ではなく表現様式を指し、その様式の再生産が今なお行われている。「Art」は常に変化しつづけているのに、美術教育はそれに対応できていない。そうした現実が、時代とともに「美術科」という教科の存在を危うくしている。以下で、この問題がはらむ具体的課題について見ていくこととする。

なお、本章での用語の使い方をここで整理しておこう（図1）。古典・古代から現代までの西洋における実践を「Art」と呼ぶ

	Art	美術	アート①	アート②
ギリシャ（古典・古代）	人の手による製作術			
中世				
ルネサンス	美的価値をもった造形物			
近代	個による自律的な美的探究	現在の美術科の主な教科内容		
現代	感性と認識に関わるさまざまな表現活動	西洋近代の「Art」を輸入して成立した美術	西洋近代の「Art」概念に含まれない色と形を用いた表現活動	現代の「Art」の影響を受けた社会実践としてのアート

変化しつづける

図1　Art／美術／アートの語が包含する内容

こととする。そして、輸入された「Modern Art」に縛られている日本のそれを「美術」と呼び、その枠外の新しいものを指す場合には「アート①」と記す。そして、現代において変化しつづけている「Art」からの影響を受けつつ日本国内で展開されているものを「アート②」と呼ぶこととする。この整理は、近年のさまざまなアートフェスティバルやアートプロジェクトなどの社会的インパクトを踏まえた上で美術科とは何を学ぶ教科なのかを考えるとき、重要なものとなるはずだ。

色と形と二〇世紀美術

さて、現在の日本の美術教育（図工も含む）は色と形の教科という認識が、特に現場では根強い。色と形の教科というアイデンティティはもちろん間違いではないが、それがすべてだと理解されているなら、現在の美術教育というものが二〇世紀初頭までの「Modern Art」の一部を教えるものということになってしまう。二〇世紀初頭を画期とするのは、マルセル・デュシャン［1887〜1968］の登場による。デュシャンの《泉》（一九一七年）が、二〇世紀において最もインパクトを持つ作品の一つだとされているのは、ものの価値は、ものそれ自体が保持しているものではなく、それを価値づける文脈があって初めて生成されるということを旧来の美術の信奉者たちに突きつけたからだ。普遍としての美の真理が現に存在し、それが分有されているものにわれわれは美を感じるのだという古典的な美の受容の理解に修正を迫るものであった。

個人的なことを言えば、私はホームセンターでボルトやナットを見ることがとても好きなのだが、そこでボルトを手に取るのは、何かしらの実用性からではない。私がそれを手に取り、眺めるのは、そこに感性的に「よさ」を感じるからだ。それは広義の「美」と呼んで差支えないだろう。ボルトは美を目的につくられたものではない。しかし、金属の表面の仕上げの様子や色味、全体の形態的バランスが美的評価の対象となっている。相応の文脈を当てはめれば、あらゆるものを美的対象として見ることが可能だとデュシャンは明示したが、その判断は色と形だけによるのではない。チタンのボルトなら、色彩的には面白みはないものの、チタンという素材の希少性や強度、それに伴う加工の難しさも感性的評価に影響を与えている。さらに言えば、チタンのボルトが骨折の治療で身体に組み込まれていたり、歯の治療でチタンのインプラントを埋め込んでいたりする人にとっては、その素材を感性的に捉える眼差しは他の人とは異なるものとなるだろう。

ボルトを愛でるためにホームセンターに行くという人は少数派だろうが、美術館や美術ギャラリーでは、そこに展示されているものはすべて美的な対象として眺められる。ある美術館で、眼鏡の落とし物を来館者の多くが作品と勘違いして、遠巻きにして眺めていたというニュースが報じられたこともあった。そうさせてしまうのが「Art」の文脈なのだ。その中で、次々に新しい見方、そしてそこから生じる新しい感覚への挑戦が続けられていく。しかしそこでは、それをどのように見るべきかについての視点（文脈）を理解しているのかどうかが問われるため、二〇世紀以降の「Art」は「難しい」とされがちだ。印象主義の絵画が、標準的な視覚能力や経験を有していれば、文脈に関わりなく「感性的に楽しめる」可能性が残されているのに対して、デュシャン以降の「Art」は、その文脈を共有していなければ参加することすら難しい。もちろん印象派の画家たちの作品においても「Art」の理論などの文脈を踏まえていればより深い見方が可能になるが、デュシャン以後の「Art」は感性的満足を最重要としていないことにおいて大きく異なっている。

デュシャンは「Art」を成立させているのは網膜上の現象（色と形）ではなく、「アイデア（概念）」だと明言した。別の言い方をすれば、ものの見方（文脈）と意味づけ（アイデア）だということだ。このことは、「Art」の本質の理解が変容したことを示している。近年の日本の「アート②」の隆盛を支えるレトリックはこのデュシャン以後の「Art」理解を基盤にしている。たとえば、アーティストが地域に入り、地元の人たちが気づかなかった、価値がないと思い込んでいたものや事に光を当てることへの期待が地域系の「アート②」の根幹にはあり、地域の伝統工芸に若手のデザイナーが関わることでその魅力を再定義するなどの取り組みも同じことだと言える。「色と形」を自己の存在根拠とする日本の「美術」そして美術教育は、そうした現実と乖離している。その立場では、地域とは関わりのない造形的に「よい美術作品」や「よいアート①作品」を地域に設置するといったことにしかならないだろうし、表層のデザインを変えるという程度のことしか出来ないだろう。それらは同じ「アート」という語で括られていても、その内実は大きく異なっているのである。

ちなみに、デュシャンの《泉》の原題は「Fountain」、つまり「噴水」でもある。ちょろちょろと湧き出る泉とばーっと噴き出す噴水とでは、与えられるイメージは大きく異なる。このタイトルが与える不快感（これも感性的なもの）もまた作品を構成する重要な要素である。ダダ、そしてその後に続くシュルレアリスムにおいてはタイトルも重要な意味をもつのだから、この日本語訳も考え直した方が良いだろう。そしてこのことは、「Art」において感性に働きかけるのは「色と形」だけではなく、タイトルの言葉も含まれるということも課題として美術教育につきつけている。

純粋性からの離脱

デュシャンが「Art」における色と形を「網膜的なもの」と呼び、副次的なものとした一方で、それを純粋に追求したアプローチも一九六〇年代頃までは存在し、強い影響力を持っていた。抽象の追求がそれである。マックス・ヴェーバーは、近代において宗教により規定されていた世界を人間が引き受けるにあたり、それが三分割されてそれぞれが専門家たちによって担われ、純粋にその本質を追及するようになったと指摘した。これはイマヌエル・カントの三批判書に対応するものでもある。その三つは、合理的な真理探究としての科学、どのように生きるべきかを担う道徳・法、そして感性の領域における感性的な正当性を担う「Art」である。そして「(Visual) Art」における本質追及は、その構成要素としての色彩と形態による純粋性を探求する方向（フォーマリズム）を目指し、抽象を生み、特にアメリカにおいて隆盛した。その歩みは、確かにユニークで、そこから多様なものが生み出されたとは言えるが、禁欲的な本質追及と新しさを追求するその取り組みは、最終的には自由に描くことが出来ない不自由さを引き受けざるを得なくなり、それと同時に一般的支持は得られなくなっていく。ポストモダンという言葉で整理するのが妥当かどうかは措くとして、一九七〇年代半ば以降、欧米で、日本では一九八〇年代以降に抽象が影響力を失い、過去の技法・モチーフ、さらには美術外の文化を引用した作品が制作されるようになり、今に至っている。抽象における本質追及のアプローチの価値を検証することは、普通教育としての美術科が汎用的な二一世紀型の能力として何を子どもたちに身につけさせるべきかという観点から、今後検証されるべきであろう。

色と形を使って、モチーフでも技法でも何でも自由に扱えるというのは、表現の自由度を高めたという点で意味のあるものだったと言える。ただし考えなければならないのは、ポストモダン以降の「Art」では、色と形を自由気ままに使うだけではなく、過去との関わり（ある文脈の中での意味）を帯びたものを引用として用いていることだ。セザンヌがそうしたように純粋な色彩的、形態的関心からモチーフを選ぶのではなく、表現のために私たちが扱うのは事物や現象の意味だということになる。つまりデュシャンが「網膜的」として退けた色彩や形態は作品を構成する一要素に過ぎない。このことは現代における美術教育を考える上でもきわめて重要なこととなろう。

社会に開かれた「美術」へ

「デュシャンの沈黙は過大評価されている」（一九六四年）と言ったのは、ドイツの芸術家ヨーゼフ・ボイス［1921〜1986］である。ボイスは、社会との関わりにおいて「Art」を考える上で最も重要な芸術家だと言える。彼の言わんとしたところは、デュシャンが「Art」の本質を、表層の色彩や形態ではなくアイデア（概念）だと指摘したのは評価すべきだが、その指摘の後、私たちが感性を出発点として対象と向き合い、思考を通して認識を再構成するという構造は何に生かされるべきかという点において、デュシャンは何も言わなかったし、何のアクションも起こさなかったという批判だ。ある対象をある文脈の中で感性的に扱い、そこに新しい相を見出すことが「Art」の基本構造であることを、デュシャンはレディメイド（既製品）をオブジェとし、提示した。ただし、その文脈は「Visual Art」の範囲に留まっており、ボイスはそのことを問題視したのだ。対象と向き合ったり、ある環境に身を置いたりした際、そこで自分が得た感性的情報は自身の認識に更新を迫り、新たな意味づけが行われる。そうした人間の能力をボイスは創造性とし、社会を変革する最も重要な能力と位置づけた。感性に基づいたそうした認識能力は、あらゆる職業において、その仕事（work＝作品）を創造的にするだろう。その意味において、ボイス曰く「万人が芸術家である」のだ。そして個々人がそのような創造性を、それぞれの場所で発揮したときに、社会はすべての人が関わった芸術作品としての「社会彫刻」となると彼は主張した。

新潟県の越後妻有地域での「大地の芸術祭」（二〇〇〇年〜）をはじめとする社会やコミュニティの課題に関わる近年の実践は、色と形で街を彩るというようなものではもちろんない。色と形のみによってコミュニティや社会の本質が変わらないのは言うまでもない。アーティストはある環境に身を置いて、感性的な刺激を受け取る。そして、歴史や経済構造、景観その他をリサーチすることなどを通して、ありきたりだと思われている対象に、別の角度から光を当てその魅力を可視化するものとして作品化したり、そこに何らかの課題を見出し、それに関与する形で作品行為を行ったりする。そこでは、感性的な認識を用いて、ある対象のオルタナティブな可能性を見出すことが「アート②」の特性として期待されている。また、多くのケースにおいて作家と周囲との共同性も重要な要素とされる。鑑賞のみならず、制作プロセスへの参加を通した個々の変容もまた、「アート②」が社会にもたらす価値として想定されているということだ。こうして見ると、「アート②」の展開の中では、現代の日本の教育課題とされる「社会への開かれ」や「共同性」がすでに取り組まれていることに気づかされる。しかし近代美術に含まれないものを「アート(アート①)」と呼び特殊なものとして括ってしまっている限りにおいては、二一世紀型能力として示されているこれらを美術科が担いうるとは想像できないだろう。

すべての人が画家や彫刻家になることが普通教育としての美術科で目指されていない以上、感性を通した認識能力や、それに基づいて創造していく力を社会との関わりにおいて生かすことを美術科の目標とすることは至極当たり前のことのように思われる。「Art」の営みを踏まえ、「美術」と「アート」という語の扱われ方を考えることで、二一世紀における美術科の教科内容について検討すべきことが見えてくる。

参考文献

川俣正『アートレス――マイノリティとしての現代美術』フィルムアート社、二〇〇一年
神林恒道『近代日本「美学」の誕生』(講談社学術文庫)、講談社、二〇〇六年
北田暁大・神野真吾・竹田恵子編『社会の芸術／芸術という社会――社会とアートの関係、その再創造に向けて』フィルムアート社、二〇一六年
佐藤道信『〈日本美術〉誕生――近代日本の「ことば」と戦略』(講談社選書メチエ92)、講談社、一九九六年

思考の自由を与える、活動の制限をしない、考え方を示す、ヒントを出す、不足点を伝える、問い直す、など生徒の自由な思考を促し、多様な考えを認め合うようにします。

3）プレゼンテーションの構想を錬る

プレゼンテーションに必要な図やポスター、模型などを制作する。

グループ学習では、途中段階で意見交換できるような場の設定も有効です。また、状況に応じて追加説明や新しい教材の提示など、方向修正を促す支援も必要です。

4）発表会（相互鑑賞会）

グループごとにプレゼンテーションし、評価用紙を用いて相互に審査する。終了したら授業を振り返り、各自でワークシートに感想などをまとめる。

評価用紙への記入は、良い点や感想だけでなく、課題や改善点などを含め、お互いを認め合えるような記述をできるような工夫が必要です。

所感・生徒たちの声など

生徒の感想には、「自然と共存することの難しさを学ぶことができた。これからはデザインを通して私たち中学生でもできることを考え提案していきたい」、「提案内容がポスターや模型を使って効果的に視覚化されているグループの発表は分かりやすく説得力があった」など、学習成果を感じとれるものに加え、「自然環境をそのまま取り入れることが本当に環境にやさしいことなのか疑問を感じた」という批判的な思考が読み取れるような感想もありました。友達の意見、感想、改善案、評価などをフィードバックし、学習を振り返えられるようにすることが大切です。

構想を作品として具体化するためには適切な材料選択や技能面の工夫が必要ですが、個人では解決が難しい課題や作業でも、協働して取り組むことによって解決に向けた道が開けます。お互いの考えや思いの違いを調整し、課題解決に向けて試行錯誤をくり返す生徒たちは、協働して一つのものをつくり上げることの難しさや楽しさを学ぶことができたようです。

環境にやさしい家をデザインする

対象　中学校3年生
授業時間　8時間

小泉 薫

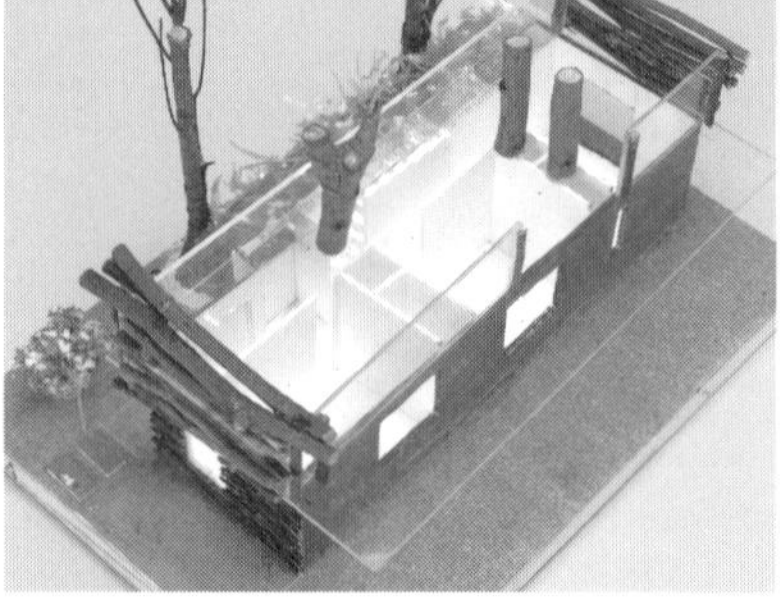

2階全面を窓にして自然の景観を取り入れている

生徒作品「自然と共生する家」

未来の社会を担う中学生が、持続可能な社会の実現のため環境問題やエネルギー問題について主体的に考え、課題を発見し、「デザインの力」で問題を改善、解決する方法について、協働的な学びを通して発表する提案型の授業です。自然との共生をコンセプトに「環境にやさしい家」をデザインします。図や模型などを用いて、提案内容を他者にわかりやすく伝えるための工夫についても学びます。

目標と評価の観点

◎環境のデザインに関心を持ち、人と自然との共生の視点から問題を解決するための、デザインの働きについて考える。

◎目的や条件を考慮してデザインし、主張を他者にわかりやすく伝えるため、どんなプレゼンテーションが有効か構想を錬る。

◎材料や用具の特性を生かし、意図にあった表現を工夫する。

◎プレゼンテーションを聞いて、デザインの働きについて理解を深める。

◎協働的な作業を行う姿勢や方法を身につける。

材料・用具

教師：ワークシート、各種紙類、各種材料（木材、自然材、廃材等）、各種描画材など

生徒：教科書、美術資料、色鉛筆、水彩絵の具セットなど

実践の流れと指導のポイント

1）環境問題、エネルギー問題について話し合う

資料を用いて話し合い、問題意識を共有する。また、「デザインの力」によって改善、解決された事例（パトリック・ブランの、建物の壁を植物で覆い環境との共生を目指したデザインの提案など）を知ることで、題材について理解する。

導入時には画像などを活用し、視覚的に提示することで問題点について実感しやすくなります。

2)「環境にやさしい家」をデザインする（個→グループ→個の流れで思考を深める）

ワークシートを用いて各自で家のデザインを構想する。アイデアをグループで共有し議論する中で、多様な意見、多面的な視野で考え、さらに問題点を明確にし、グループで解決策を考える。意見をまとめグループごとにアイデアスケッチや企画書を作成する。

自然の木を室内に取り入れた家のデザイン

言及されなかったこと、例えば「作品内の季節」を問い、ある生徒が「秋」と答えれば、さらに「どうしてそう思ったの？」と問い返す。「草の色から」と生徒が言えば、今度はクラス全体に「他の人はどう思った？」と返す。対話をつないでいくことで、前段では踏み込みが浅かった部分が補完され、生徒同士の意見を組み合わせることでクラス全体で解釈を一歩前に進めることができる。

思いつきで意見を言うのではなく、根拠を自分に問い返したり、級友の意見と比較したりしながら発表できるよう促しましょう。

3）あえてクローズド・クエスチョン

ここまでくると、教室は言わば「主観の飽和状態」になっている。これ以上くり返すと思考が同じところを回る恐れがあるため、あえて答えの限定されるクローズド・クエスチョンをぶつける。この作品の場合なら、「絵の中の女性は、遠くに見える家に行こうとしているのか、帰ろうとしているのか？」という二者択一の投げかけにより、生徒は静止画として見ていた作品に、はじめて時間軸を想起するようになる。

「その角度からはまだ考えていなかった」と生徒が思うような切り口を示して、思考に再起動をかけたい。また、次の主発問への助走や伏線になっていると、さらに良い。

生徒に、記録として残っている事実（クリスティーナは実在した人物であること。生まれつき足が悪いが仕事をまじめにこなし、50歳を過ぎていること。ワイエスはそんな彼女にモデルを頼んだということ）を告げることが次の活動につながっていきます。

4）最後のディープ・クエスチョン

最後の発問は、「何が『クリスティーナの世界』なのか」である。クラスによって、小グループでの討論、全体でのディスカッション、個人でじっくり考えたことをワークシートに記入するなど、異なる展開が可能である。

所感・生徒たちの声など

生徒の発言には、「ワイエスは足が悪くて出歩けない彼女を、せめて絵の中だけでも広い世界に連れ出したかったのではないか」、「枯れ木や枯草が広がる厳しい風景は、彼女のこれまでの生き方や苦労が絵で表現されているのではないか」、「彼女に限らず、体の悪い者にとってこの世は酷く広く、荒涼として厳しい世界だということを表している」といったものがありました。ただし、意見は生徒によって異なり、クラスによって授業の着地点は変わります。計画通りの進行を全クラスに行うのではなく、生徒から出た解釈に基づいて対話が進むように授業は進められるべきであることを改めて再認識させられました。

クリスティーナの世界とは？

対象　中学校3年生
授業時間　1時間
梶岡創

対話による鑑賞活動を通して、作者の心情や意図、表現の工夫について考え、ある程度の経験と成長を経た中学3年生らしい解釈の深さを生み出す授業です。

目標と評価の観点

◎作品に興味を持ち、描かれたものから考え、発表することができる。（関心・意欲・態度）

◎作者の意図に気づき、作品世界や登場人物の心情を味わう。（鑑賞）

実践の流れと指導のポイント

1）作品を鑑賞して発見を発表しあう

アンドリュー・ワイエスのテンペラ画《クリスティーナの世界》を題材に、「何が見えていますか」とクラス全体にオープン・クエスチョンを投げかけ、見えたものや気づいたことを発表する。できるだけ多くあげて情報共有をしておきたい。他者の発見を聞いて「自分とは違う見方をしている」ということに気づく生徒も多く、既存の解釈や「正解」を当てるだけの授業ではないことがわかってくる。

> どんな意見も否定しないで受け取ることで「間違っていたらどうしよう」という心配を取り除きます。

2）対話のやり取りから次の発見を生み出す

描かれているものの情報が出尽くしたら、そこで

Ⅲ　アートと教育

18　幼児教育と造形教育

松岡 宏明

幼児教育は、今日では、小学校以降における教育のように教科ごとに分化したかたちで実践されるものではなく、領域横断的、全体的な営みであると捉えられている。その中でも造形教育は、それ自体、総合的な性格を有しているものである。本章では、幼児教育の歴史を概観するとともに、幼児教育と造形活動に共通する特質である「未分化性」を軸に、あるべき「幼児造形教育」の姿を探ってみたい。

幼児教育の歴史

幼児教育の源流

西欧において、それまで「小さくて未熟な大人」と見なされていた子供が、独立した、大人とは質の異なる存在として認識されるようになったのは、一八世紀も後半になってからのことだった。その流れは、ジャン＝ジャック・ルソー［1712〜1778］からヨハン・ハインリヒ・ペスタロッチ［1746〜1827］、フリードリヒ・ヴィルヘルム・アウグスト・フレーベル［1782〜1852］へとつながる教育観によって示される。

ルソーは、大人と子供を区別し、子供を発見したとも評される。その主張は文明社会の悪影響から子供を守り、人間が本来もっている自然性に適うように教育することを志向した点において画期的なものであった。ただし、教育書として著名な『エミール』（一七六二年）は、家庭教師の教育法として著されたもので、その対象は富裕階級、あるいは中流階級以上の子供たちであった。一方、ペスタロッチは、社会的な境遇にかかわらずすべての子供を教育の対象と考えたことで「民衆教育の父」と称えられている。ペスタロッチはルソーの自然主義思想の影響を多分に受けながら、子供の自発性を重視し、実際の事物を直接観察して学習する直観教授を唱えた。しかしその実践は、主として初等教育段階のものに限定されていた。フレーベルは、その実践をさらに幼児教育へと応用、展開した。

フレーベルは、一八四〇年に「キンダーガルテン（Kindergarten）」（日本では幼稚園と呼ばれる）を創設したことにより、幼稚園の祖として知られる。彼は、真の人間教育の場は家庭であるべきだと考え、母親も含めた指導者養成機関を設立し、その実習場所として付設したのが幼稚園の始まりである。彼は、母親が家庭で無意識に行っている教育を意識化するための材料として、球、円筒、立方体その他の積み木などで構成した「恩物」（ドイツ語の「Gabe（神からの贈り物）」を、日本では仏や父母から賜った恩恵物として意訳された）と呼ばれる教育遊具を考案した。幼児が内在させている素質や能力を自発的に発揮できるように援助することこそが教育であるとするフレーベルの思想は、世界中に広がっていく（発祥地ドイツよりも、特にアメリカや日本において発展した）。ところが、一九世紀末頃から恩物主義の保育は多分に誘導的であり、幼児の自由な遊び方を許さないほど形式的なものであるとして批判されるようになる。そうして、一九一〇年頃からは幼児の興味と経験を重んじる児童（幼児）中心主義の教育が重視されるようになっていった。

日本における幼稚園は、一八七六（明治九）年に東京女子師範学校に付設されたのが始まりであるとされる。しかし、もっぱら西欧の幼児教育思想や施設をそのまま模倣したものであり、また当時、幼稚園に子供を通わせていたのは上流階級の家庭に限られていたため、一般庶民には縁遠い貴族的性格のものであった。

設立当初から明治末期までの日本の幼稚園では、前述した「恩物」中心のフレーベル主義保育がなされていたが、大正期に入ると、これも西欧の思想に追随するかたちで、より幼児の自発的な活動が重視されるようになり、改革運動が盛んになされた。中でも倉橋惣三［1882〜1955］はその中心的指導者として児童（幼児）中心主義の保育理論を展開し、現代の保育界にまで大きな影響を与えつづけている。彼の考え方は、戦時社会においては受け入れられなかったものの、戦後は保育の主流として発展することになる。

幼稚園教育要領等と領域「表現」

文部省は一九四八（昭和二三）年に試案的な「保育要領」を作成、一九五六（昭和三一）年にはこれを改訂し、ここにおいて国の基準としての「幼稚園教育要領」が初めて示された。保育内容は「健康」「社会」「自然」「言語」「音楽リズム」「絵画製作」の六領域とされた。これらの領域は小学校の教科とはその性格を大いに異にすると述べられていたにも関わらず、実際には領域ごとに保育が行われ、領域別に指導計画が示されるなど、明治初期の教育方法に後戻りするような事態となった。この傾向は一九六四（昭和三九）年の同改訂後も根強く残ることになる。

そこで、幼稚園教育の基本を明確にし、共通理解が得られるように、一九八九（平成元）年の改訂では、「環境を通した教育」という基本理念が前面に打ち出された。保育内容は「健康」「人間関係」「環境」「言葉」「表現」の五領域として設定し直され（一九九〇・平成二年改訂「保育所保育指針」も同じ）、これらは小学校の教科とは異なり〝子供の育ちを見る窓口〟であることがさらに明確に示された。これは日本の保育の原点である倉橋の保育論に改めて立ち返ったものであると言われている。

幼児教育は、領域横断的で、かつ全体的な営みである。教えるべき内容の論理よりも目の前の幼児の現実（発達段階）が優先され、幼児の生活の実態から構想され、統合的に展開される。つまり、幼稚園教育要領等の五領域は、互いに入れ子状態にあると言うことができる。例えば「表現」の中には「健康」「人間関係」など他の要素も含まれているということである。

さて、一九八九（平成元）年の改訂は画期的ではあったものの、「環境を通して」という理念が、今度は一転して「指導してはいけない」「教師は見守ることに専念すべき」というように解釈され、それが進歩的な「自由保育」だと誤解されてしまうことになった。それまで行われていた「一斉（設定）保育」は対立する概念として自由を奪う画一的な保育であると否定され、その結果、「自由」という名の下で、実のところ「放任」とも言える状況が生まれてしまったのである。事態を憂いた文部省は、一九九八（平成一〇）年の同改訂において、教師の役割の重要性を改めて強調して示した。その後は、極端な「一斉（設定）保育」、あるいは「自由保育」に偏った実践は淘汰され、おおむね、その折衷の保育が全国的に展開されている。

なお、付言しておくが、一九八九（平成元）年の改訂によってそれまでの領域「音楽リズム」と「絵画製作」（保育所保育指針では「音楽」と「造形」）が合体して「表現」と示されたように一見感じられるが、「表現」は音楽、造形、劇（ごっこ）、身体といった媒体をも含めた領域として新たに誕生したものである。この領域設定は、一九九八（平成一〇）年、二〇〇八（平成二〇）年、そして二〇一八（平成三〇）年の改訂（「保育所保育指針」、「幼保連携型認定こども園教育・保育要領」を含む）においても継承されている。

幼児教育と造形教育の親和性

ここでは、幼児教育と造形教育の関連について四つの観点から考察する。

感覚・感性

幼児期には、知的発達に先行して五感が顕著に発達していく。同時に、幼児の五感は未分化な状態にあり、五感すべてで世界を認識しようとする。ゆえに幼児教育では五感に基づく教育、すなわち「感覚教育」が重視されてきた。これはフレーベル以来の幼児教育思想に通底している理念とも言える。

感覚というはたらき、あるいはそのはたらきによって感じ取られた意識を知覚的な能力として捉えると「感性」ということになる。現在の幼稚園教育要領等の領域「表現」が「感性と表現に関する領域」とされていることからも、幼児教育において感性の教育が意識されていることが理解できる。感性は、かつては知性を支える下位概念として位置づけられていたが、近年では知性が感性を補助するとも捉えられるほど、そのはたらきの重要性が注目されている。

造形活動は、形、色、材料を介して、五感のすべてを動員する行為である。五感の起動は表現の基盤となるものだが、幼児の造形活動において、このことが十分に理解され実践されているとは言い難い。視覚の優位性が確立されていない段階で「よく見て描きなさい」と強要したりする例がみられる。

造形教育が、五感を刺激する感覚教育を基礎としていて、非言語的、直感的な感性の教育の一翼を担っていることは自明のことである。幼児教育の場で、造形教育に内在する感覚・感性の教育としての側面が、理論と実践の両面から、より明確に位置づけられる必要がある。

総合性

幼児にとっての表現行為は、描く、つくる、歌う、身体を動かす、言葉にする、演じるといったものが渾然一体となって成り立っている。それらの境界は曖昧であり、未分化である。ゆえに、幼児の造形活動においては、小学校以降の図画工作科・美術科のように他の表現手段と切り離して指導することは不適切であり、総合的に展開させる必要がある。その点、幼稚園教育要領等において、さまざまな表現媒体を統合し、領域「表現」として示されたことは、幼児の特質を考慮したものと言える。しかし統合されたことで、保育や保育者養成の現場において、造形指導の力を養うことが軽んじられるという皮肉な結果をもたらしている。もとより保育者は、さまざまな表現の手段・媒体の特性を熟知してこそ、幼児の未分化な表現を引き出すことができるのである。

そもそも造形教育は、幼児期に限定されることなく統合的、総合的である。決して、描く・つくる技術のみを段階を踏んで教えていくことではない。他領域、他分野との融合や再構築を志向する造形教育の理論や実践が幼児教育の中で生かされていくべきである。

遊び

幼児教育において「遊び」は、その中核である。幼児は、遊びを通して学んでいる。また遊びは、それ自体、その過程が目的であり、何かのために行われることではない。小学校の図画工作科においても、教育内容として「造形遊び」が位置づけられており、「絵や立体・工作」と並んで一つの柱をなしている。造形遊びとは、遊び性を重視した造形活動であるが、換言すると、必ずしも「作品をつくる」という目的をもつとは限らない、形や色や材料そのものと格闘するプロセスを重視した活動である。しかし幼児教育の場では、遊びがあまりにも当然のこととして位置づけられ、造形活動と結びつかない傾向がある。

また、幼児の造形活動のさまざまなプロセスの有り様、未分化性への無理解がある。子供は材料や素材と格闘している中で、「いいこと考えた！」と言って目的を後づけしたり、また行為を先行させたりすることもある。幼児には顕著に見られる特性で、より大切にされなければならないはずが、見過ごされていることが多い。未熟な保育者が、常に「今日は○○を描こう」という宣言から造形指導を展開したり、すぐに幼児に「何をつくっているの？」とたずねたりするのはその典型例である。

幼児の世界観

幼児は、自分と世界、自分と他者、生物と無生物、見えるものと見えないもの、昨日と今日と明日、想像と実体験、思考と身体といった、およそ一切が未分化であり、それらの未分化な要素を無自覚的に統合して表現する。それは、たとえば絵を描くときには、頭足人、アニミズム表現、異時同図表現、集中構図、多視点構図、レントゲン描法、展開図描法、積み上げ遠近法などの特徴として表れる。太陽に顔があるのも、芋掘りをする手が長すぎるのも、家の中の人が透けて見えるのも、幼児にとっては全くの真実であり、それですべてはうまくいっているのである。しかしそれらは一般的な大人から見るとヘンであり、未熟に感じられてしまう。そして、幼児に「もっとこうだ」「それはおかしい」「そんなはずはない」などと諭してしまう。

しかし、幼児の世界観は、人間にとっての全くの真実である。絵とは単に見えるものを写すことではない。見えないものを見えるようにするものである。だからこそ幼児の絵には、芸術作品にも見劣りしない造形美が宿る。幼児の絵が多くの現代美術家の目を惹いてきたのもそのためであり、ピカソが「子供のように描くのに生涯かかった」と述べたのは有名な話である。もちろん、芸術家の作品は、自分と他者、人間と自然、精神と肉体、理想と現実など、ありとあらゆる区別を知り尽くした上で、分化した心身や認識を意識的に統合するものであり、幼児のそれとは異なるが、両者の表現は似ているのである。ところが幼児の造形を見ることに長けていない保育者は、幼児と芸術家の表現の共通点に目を向けるのではなく、幼児の表現を未熟だとして注意、指導し、芸術家の表現は難解だとして敬遠する。これが、幼児の表現をありのままに受け容れられず、大人が納得いくように幼児に絵を描かせてしまうことにつながる。

幼児の世界観を理解する力は、幼児の表現を見ているだけでは十分には培えない。だからこそ前述の倉橋は、かつて若い幼児教育者に、いい詩を読み、いい絵を見ることを勧めた。「何ものからも新鮮な印象を受け取り、何ものにも純真な感激と驚異をもつ芸術家の目と心に触れることが、子供と共に生きる者として、子供と同じようにものを見て、同じように感じることができるための不可欠な学習である」と説いたのである。

幼児教育や保育者養成の現場では、造形教育の研究が、絵の描かせ方、もののつくらせ方に集約されるのではなく、まずは幼児の表現からその世界観を理解することに生かされなければならない。

幼児教育と造形教育の関係を見てきた。両者の親和性が高いことが確認できる。つまり、互いの研究・実践は、互いを深化させることにつながるはずだが、両者がもつ広範さ、脱領域性ゆえに、「幼児造形教育」という分野としての明確な理論体系が確立されるには至っていない。そのため、保育現場や保育者養成の場において、あるべき幼児造形教育の理念と方法が共有されていないのが現状である。「幼児造形教育学」確立への研究の集積と整理が期待され、その共通理解を図っていくことが課題である。

参考文献

ハワード・ガードナー『子どもの描画――なぐり描きから芸術まで』星三和子訳、誠信書房、一九九六年
倉橋惣三『倉橋惣三の「保育者論」』フレーベル館、一九九八年
フリードリヒ・フレーベル『人間の教育』(全二巻)、岩崎次男訳、明治図書出版、一九六〇年
松岡宏明『子供の世界 子供の造形』三元社、二〇一七年
森上史朗編『幼児教育への招待』ミネルヴァ書房、一九九八年

19 絵画教育

永守 基樹

絵画と子ども、絵画と教育——その出会い

「子どもの絵は素晴らしい」と言われる。素直で愛らしく、独創と驚きに満ちた「子どもの絵」は、しかし、一九世紀までの社会では、「絵画」になる以前の稚拙で低級なものと見なされることが一般的であった。「子どもの絵」が独自の美的価値をもつこと、子どもが自在に表現することがそのまま人間形成としての価値をもつこと、このような近代美術教育の核心となる思想が生み出されたのは、子どもの絵や描画活動と同時代の絵画芸術や教育思想との「出会い」によってであり、二〇世紀初頭のことだ。そして絵画の教育は二〇世紀の中葉（一九四〇〜六〇年代）に高まりを見せ、一九七〇年代後半以降、二〇世紀末にかけてその力を弱め、今日に至っている。絵画教育の二〇世紀は、あたかも近代美術の盛衰を写し出すかのように、近代美術教育の形成と終焉とを興味深く見せているのである。

本章では、これからの絵画教育を考えるために、二〇世紀におけるモダニズム絵画教育の成立・展開・終焉を、美術・教育・社会の三者が形成する巨視的な枠組みの中で示してみたい。その作業の延長上に「絵画なるものの教育」が、今後、どのようなかたちで再生可能なのかも見えてくるであろう。

近代絵画教育の黎明――古典主義とアカデミズムから

幕末に来日した西洋人の記録のなかに、日本の親たちの子どもへの態度に触れたものがある。渡辺京二の『逝きし世の面影』(二〇〇五年、平凡社)によれば、母国(フランス)のルソー主義者が見れば涙を流して喜ぶであろうと評されているという。それほどに親たちは子どもに甘く、愛に溢れた印象を彼らに与えたようだ。しかし、この日本人の特性らしき「幼い子どもの尊重」は、学制発布とともに始まった小学校図画の教育に反映されているわけではない。その内容と方法は、ジャン=ジャック・ルソー[1712〜1778]の思想とは無縁の、科学的で実学的な教育として始まった。

明治当初の学校教育における絵画教育を支えたものは、一九世紀までの古典主義とアカデミズムである。小学校図画には「鉛筆画」と呼ばれる西洋画法が導入されたが、その背後には西洋のアカデミズムがある。そして「鉛筆画」への反動として主張された「毛筆画」の背景には、狩野派アカデミズムがあると言えるだろう。両者とも一六〜一七世紀に確立された教育方法であり、古典の模写を軸とすることに変わりはない。そして二〇世紀に入ると、教科書の臨画を脱して、子どもの絵画表現に独自の価値を見出すことになる。それは、子どもの自発的な学び(=児童中心主義教育)として、その表現に価値を見出していく過程であった。

子どもの絵の二〇世紀 — モダニズム美術教育の核心

エレン・ケイ［1849〜1926］の『児童の世紀』が出版されたのは二〇世紀幕開け直前の一九〇〇年。ルソーやハーバート・スペンサー［1820〜1903］等の思想を受け継ぎつつ、国民国家の政治的支配から教育と子どもを解放しようとする強い意志に貫かれたケイの思想は、「児童中心主義」として米国での進歩主義教育に継承され、二〇世紀を通じて——姿をさまざまに変えつつ、果たせぬ夢のように——主張されつづけてきた。

このロマン主義的な性格は、二〇世紀の美術教育が共有するものだ。ケイに倣うなら美術教育者は、「二〇世紀は子どもの絵の世紀だ」と言うべきだろう。「子どもの絵」は美術教育が子ども主体の学び（表現）であることの確かな証拠となり、子ども中心の創造的な教育の姿をラディカルに主張できたのである。

ウィーンの画家フランツ・チゼック［1865〜1946］が「子どもの絵」を「発見」したのが、一九世紀末のことだとされる。彼は分離派運動（ドイツ語圏における一九世紀末の芸術革新運動。美術と工芸の枠を超えた運動であり、反アカデミズムの色彩を濃厚に持つ）に関わっており、世紀末の汎ヨーロッパ的な美術工芸運動と通底しつつ「子どもの絵の発見」は行われた。そして、ウィーン分離派のリーダーが画家のグスタフ・クリムトであったように、絵画は近代の美術史を主導し、近代絵画の諸価値が美術の教育に転写され、近代美術教育の理念のコアを形成したのである。

この転写は、「近代絵画」と「子どもの絵」の二者がもつ強固な関係の中で行われた。近代絵画の特性——視覚への還元、感覚や感情の直接的表現、線遠近法の解体、色や形の変形など——は、古典とアカデミズムへの叛逆であり、異文化——東洋やアフリカなど——を一望のもとに俯瞰する広い視野や、人間と生命の根底的な層への志向として語られてきた。そしてこれらの言説は、そのまま「子どもの絵」の価値や特性へと移項されたのである。このような絵画芸術と子どもの絵の関係のなかで、「ゴッホやピカソの絵は子どもの絵の如き根源的な美と力をもつ」「子どもの絵はゴッホやピカソの絵のように素晴らしい」という「価値の相互付与」の言説が生まれたのである。

わが国の美術教育史でも「子どもの絵」と「近代美術教育」は、上のような関係性の中に、いくつかの段階を経て形成・推移した。次節以下で概観したい。

大正自由画運動――「児童中心主義」への転換

画家・山本鼎[1882〜1946]が長野県で自由画教育運動を始めたのは一九一九(大正八)年。山本はそれまでの「臨画」(手本を写す教育方法)を「不自由画」と批判し、子どもの眼と手で「写生」する「自由画」を主張した。山本の「写生」に対する考えの背後には、彼の芸術を支える「実相主義」があり、それは画家と対象との媒介無き出会いを求めるものと言えよう。それはルソーが「言語」――という私と世界や他者との出会いの媒介者――を「障害」と捉えて、世界との媒介なき無垢な出会いを夢見たこととどこかで照応しているようだ。無垢な子ども(画家)の眼と対象世界の出会いの障害となるもの、それは過去の様式や古典、教科書や臨画という方法であった。「写生」とは、この出会いのために描画の主体性を子どもに与える方法であり、図画教育における「児童中心主義」への転換なのである。但し、その具体的な教育方法が「写生」に収斂されてしまうなら、この時代(二〇世紀初頭)の絵画教育と絵画芸術との「出会い」は、部分的なものに過ぎなかったと言わざるを得ない。

創造主義美術教育のモダニズムと普遍性

日本の「子どもの絵」が本格的に近代性を得るのは、第二次世界大戦後の創造主義美術教育を待たねばならなかった。その担い手は創造美育協会（一九五二・昭和二七年設立）であり、「子どもの心の解放」を理念とした。「抑圧からの心の解放」という治癒主義には批判もあるが、明治期の科学的な画法でも、大正期の視覚的な写生でもない、内面のイメージが絵画教育の主役になったのである。

この内的イメージへの転換に対応して、二〇世紀前半の近代美術の諸潮流――ポスト印象派や象徴主義、表現主義やフォーヴィズム、さらにはキュビスムやシュルレアリスムなど――が絵画教育に参照されることになった。

大人の絵との照応ではなく「子どもの絵」の独自性や個性をこそ見るべき、という主張もあるだろう。だが創造主義のバイブルともいうべき『芸術による教育』（一九四三年）でハーバート・リード［1893～1968］は、子どもの気質タイプと、その表現様式の高度な相互関連を理解し育てることが重要だ、と言う。美術教育が目指すべき「個性に応じた表現」の前提に、近代美術と「子ども」のもつ性格の、深く普遍的な照応関係が主張されているのである。

創造主義のもう一つのバイブルは、ヴィクター・ローウェンフェルド［1903～1960］の『美術による人間形成――創造的発達と精神的成長』（一九四七年）であり、厖大な児童画の心理学的分析を基に、なぐり描きから図式期などを経て、写実へと向かう「描画の発達段階」が示されている。写実の芽生え以降に顕在化する「視覚型（Visual Type）」と「触覚型（Haptic Type）」という二類型はあるものの、子どもは適切な環境の中で自発的に絵を描き、描画のシェマを更新しつつ表現を創造し、やがては空間再現に挑戦し、多様な主題を見出していく……。このように示された「普遍的」な道筋は、同時に創造主義のガイドラインとして機能するのである。

芸術のさまざまな様式と子どものプリミティヴな表現タイプが、心の深層で通底していること（リード）と、子どもの絵の発達の道筋が普遍的であること（ローウェンフェルド）が重ね合わされる時、子どもの描画は教師の抑制的な指導のもと、創造性と人間性を成長させることの保証が与えられたのである。二〇世紀の折り返し点を前に二者が形成した創造主義の枠組みは、多くの教師を勇気づけ支えた。だが他方で、美術教育を普遍的な「子どもの絵のユートピア」に閉ざしたという側面も否めないのである。

歴史と社会へのコミットへ──普遍性神話を超えて

「子どもの絵のユートピア」に閉ざされた絵画の教育を解放するには、現実の社会と歴史へコミットすることが求められるだろう。このコミットを重要視するマルクス主義の美術教育は、「生活認識主義」と呼ばれ、戦後美術教育の一つの潮流をなしてきた。革命のための芸術である「社会主義リアリズム」を基本に、美術活動を通じて社会の現実や課題と向き合う。そして共産主義のユートピアに向けての歴史に参加するなかで、労働者＝人間として成長する。このような「社会的な解放」の美術教育は創造主義の「心の解放」の対極にあるが、相補的な役割を果たしたと言えるだろう。一九六〇年代までは（国内政治での五五年体制の保守・革新の対立構図のように）両者が両輪のように「解放」の教育を進めたのである。

だが一九七〇年を前に、絵画の前衛的な革新力が失われていくのと平行して、創造主義は力を喪失していった。それと歩みを同じくして、生活認識主義も力を失うのである。その背景には五月革命（一九六八年）などの旧来の社会主義体制や運動への批判意識の高まりがあった。さらに高度経済成長期を経て日本も高度大衆消費社会となり、産業構造が激変し、「働くお父さん」などの典型的な「生活画」の主題も見失われ、社会主義リアリズムが社会や歴史に関わる方法として無効になっていったのである。

高度な資本主義社会と情報化社会に対応する美術教育として、ポップアートや消費イメージを主題とする「資本主義リアリズム」（赤瀬川原平）とでもいうべき教育があげられよう。あるいは一九七〇年代以降に欧米で行われた視覚コミュニケーションの批判的リテラシーの教育、さらにサブカルなどへと拡げた「ヴィジュアル・カルチャー」の枠組みでの美術教育も有効とされていったのである。

しかし、これらの教育は、イメージ環境に関わる知識やリテラシーを学び、過剰なイメージ消費社会を回遊しサバイバルする術を学ぶものだ。快楽と詐術に満ちた消費イメージの迷宮の中に棲む子どもたちが、イメージを創造し交換することを通じて表現の「主題」を形成する教育には別の学びが必要だろう。「生活画」の主題を見失って以来、絵画教育は解放へ向けての切実な主題を喪失したままであるように見えるのは筆者だけではあるまい。

歴史のなかの創造、創造のなかの歴史

一九七〇年代後半、ポストモダン論議が始まった時代に、モダニズム絵画も進化と変革の歴史を終えたとされる。ほとんど意味を発しない色面を見せる「ミニマル絵画」、幼児の最初の震える描線のような「ドローイング」は、絵画の最終形態を示した。この「絵画史の終焉」の事態は美術教育に二つの危機をもたらすことになった。

第一の危機は、絵画表現が形式面での創造性を大きく失うことによるものだ。近代絵画の創造と冒険は、自らの形式を変革しつづけることにあった。画家が自らの表現形式を変革することと、子どもがシェマの創造的破壊と更新を

繰り返すなかで魅力的な絵を描くこととは、深く関係づけられていたのである。一九七〇年代以降、絵画がその教育としての力を喪失していった深層には、絵画が形式的変革の旗手としての性格を失い、伝統的芸術に変質したことがあった。

第二の危機は、子どもの絵の発達が「西洋絵画史」の中に閉ざされ、時代とのアクチュアルな関係性を失ったことである。ローウェンフェルドの発達段階表は、なぐり描きから遠近法的な空間再現に至る。それは丁度、ルネサンス絵画から一九七〇年代絵画へと至る四〇〇年ほどの歴史を遡行する過程と見ることができよう。ローウェンフェルドの時代には未だ「絵画以前」であった幼児の初期ドローイングは、例えばサイ・トゥオンブリ［1928〜2011］のドローイングと照応されて絵画表現としての価値が見出されることになる。そして絵画史と描画の発達段階との照応関係が完成し、歴史と発達の環が閉ざされたのである。伝統芸術の中に閉じた絵画は、子どもの表現を社会と時代へと開く力を弱め、子どもの生を映し出す力と、表現の主題を生み出す力を大きく失った。

これらの危機に対して、今後、二一世紀の中葉に向けての絵画教育は、おそらく以下の三つのかたちでその意義と役割を示すことができるだろう。

①モダニズム絵画を創造教育の原理的モデルとすること

絵画の形式的冒険が終わったとしても、かつて近代絵画から転写された美術教育の理念は終わってはいない。解放と救済、絶えざる否定と変革、個性とオリジナリティ、新しさと創造性……。この近代絵画に由来する理念に代わるものは未だに見出されていない。画家たちのように（＝アーティスティックに）創造することの学びは、近代絵画の形式的冒険の追体験によってこそ可能である。絵画は汎用的な創造性の教育の原理とモデルを示すことができるだろう。

②西洋美術史の外に絵画教育の文脈を形成すること

ローウェンフェルドの発達段階論においては、図式期を脱して以降、西洋絵画の表象制度（線遠近法的空間再現）のバイアスが否定できないだろう。図式期までの普遍性とそれ以降の文化的制度性の両者に架橋する美術教育には、グローバルな視野が必要だ。例えば明治期の岡倉天心［1863～1913］は、東洋と西洋の関係を、米国とインドというオルタナティブな空間軸を含めて構想し、そして芸術を生活の全体性の中で捉え、美術文化を構想していた。

子どもの絵とその発達の道筋が「西洋絵画史」によって閉ざされたとき、私たちはオルタナティブな歴史軸と空間軸をそこに対置すること、あるいは挿入することも可能であろう。多様な個人のそれぞれの文脈と生活をそのままのかたちで教育の中に位置づけることが求められている。そのためには「絵画」はその領域を大きく拡げる必要があるだろう。

③絵画史に創造的に関わってシークェンスを形成すること

他方で「西洋絵画史」は、私たち日本人の外にあるわけではない。その絵画史がある種の終焉を迎えたとき、美術教育（者）は自らを解体し、その歴史を再構成するなかで、歴史と文化の再把握を求められるだろう。西洋絵画史を他の多様な歴史の中に置き、歴史の星雲群の中から作品やイメージを取り出し、星座のような連なり（シークェンス）として並べること。これらは絵画史に創造的に関わる方法であり、絵画教育のカリキュラムの原型でもある。

子どもと美術教育者が手を携えて絵画の歴史にコミットすることは、二一世紀における美術教育の基軸の一つを形成することだろう。

参考文献

石崎和宏『フランツ・チゼックの美術教育論とその方法に関する研究』建帛社、一九九二年
岡倉天心『東洋の理想』(講談社学術文庫)、講談社、一九八六年
創造美育協会『創美年鑑――年譜と資料』文化書房博文社、一九七八年
中野光『大正自由教育の研究』(教育名著選集)、黎明書房、一九九八年

20 インクルーシブ美術教育

茂木 一司

障害をもつ子どもたちに対する教育は、近年「インクルーシブ教育（inclusive education system）」へと移行しつつある。「インクルージョン（inclusion）」とは「中に含みこむ」ことで、「排除」を意味する「エクスクルージョン（exclusion）」の反対語であり、「全体」を意識している用語である。インクルーシブ教育システムとは、「障害者が自己の能力等を可能な最大限度まで発達させ、自由な社会に効果的に参加できるように、障害のある者と障害のない者が共に学ぶ仕組み」であり、障害のある者が一般的な教育制度（general education system）から排除されないこと、自己の生活する地域において初等中等教育の機会が与えられること、個人に必要な「合理的配慮（reasonable accomodation）」が提供されること等が保証される。そのためには、障害者が支援を受ける人としてではなく、積極的に社会参加・貢献する全員参加の「共生社会」の構築が必要となる。

近年、日本における障害者への施策は、「共生社会の形成に向けたインクルーシブ教育システム構築のための特別支援教育の推進（報告）」（二〇一二年）、国連「障害者の権利に関する条約」（以下、「障害者権利条約」）の批准・発効

（二〇一四年）や、それに伴う国内法「障害者差別解消法」（二〇一六年）の整備など、めまぐるしく変化している。こういった施策に応じた美術分野に関する学習への対応を、ここでは「インクルーシブ美術教育」と呼ぶ。

インクルーシブ美術教育という言葉には、①インクルーシブ教育システム構築における障害児の美術教育、②インクルーシブな社会構築の基礎になる芸術＝アートの教育力、という二つの意味がある。

日本の障害児教育におけるアート（美術、音楽、身体表現等）の教育は、かつて主要教科と見なされていた時代を経て、現在は消極的な余暇学習の扱いや社会での自立を目的とした職業準備教育のための技能主義・作業教育の流れの中で、その自由な表現の学びはますます萎縮傾向にある。障害のある者と障害のない者が共に学ぶ仕組みをつくるインクルーシブ教育においては、障害をもつ子どもたちのアートによる表現やコミュニケーションは、むしろ普通教育の中でダイナミズムをつくり出す原動力となる。障害児たちのアートの学びは、硬直化した、学校をはじめとする既存の教育をアンラーン（学びほぐし）する。それはもともとアートがもつ、差異や多様性を活かし、それぞれの個性を調和させながらはたらかせる統合的総合的な力を基礎にしているからである。インクルーシブ美術教育は、アートの何ものにもとらわれない自由の力によって、現代教育を見直す理念と実践となる。この基本理念に従えば、インクルーシブ教育は障害者に限定されるものではなく、例えば、ＯＥＣＤが指摘する社会経済・文化的な課題のある子どもたちなどの、アートから遠いすべてのマイノリティを包摂する。本章では、いわゆる障害児の美術教育に限定して、歴史、現状と今後の課題について述べる。

ノーマライゼーションからソーシャル・インクルージョンへ

インクルーシブ教育はノーマライゼーションから発展したソーシャル・インクルージョン（社会包摂）の思想に基づいている。一九八〇年以降英米で障害児の教育権利が確認され、障害のある／なしを連携・連続させるカスケード理論を背景に、普通学校と特別学校を統合するインテグレーションが試みられた。しかし、分離を前提としたインテグレーションは、障害者の権利論の脆弱性が指摘され、通常教育の改革まで波及せず、結果的に統合的なインクルーシブ教育に変わっていく。また、ソーシャル・インクルージョンは新自由主義、市場経済及びグローバル化から生まれたマイノリティに対する「ソーシャル・エクスクルージョン（排除）」への抵抗運動のスローガンでもあった。

インクルージョンの定義及びインクルーシブ教育・特別支援教育

インクルージョンとは、「学習、文化、コミュニティへの参加を促す、学習者の多様性に着目した終わりのないプロセス」（ユネスコ、二〇〇五年）である。インクルーシブ教育の本来の目的は特別教育の改革や障害児のためのよい教育方法の探求ではなく、通常学級の改革を意味する。

各国のインクルーシブ教育への対応はさまざまである。特別学校を廃止し、障害児を含むすべての子どもが普通学校で学ぶ、いわゆる単線型のフルインクルージョン制度をもつのはイタリアやスウェーデンなどで、日本はイギリスなどと同様に通常の教育と特別の教育の間に連続性のある場を設ける多重路線型（通常の学級、軽度の障害をもった子どもが普通学級に在籍しながら指導をうける通級による指導、特別支援学級、特別支援学校）である。

盲・聾学校の義務化（一九四七年）から始まる日本の障害児の「特殊教育」は、養護学校の義務化（一九四七年）を経て、特別支援教育（二〇〇六年）に変更された。特別支援教育の特徴は、視覚、聴覚、知的、肢体不自由、病弱などに加えて、学習障害（ＬＤ）、注意欠陥多動性障害（ＡＤＨＤ）、高機能自閉症など、障害の対象を拡張したことで通常学級を特別支援教育の場にしたこと、障害児の個別の教育ニーズに対応した支援と乳幼児時からの生涯学習として一貫した支援体制を構築したことである。日本は特別支援教育を、共生社会に向けたインクルーシブ教育システム構築に不可欠なものとして推進している。

しかしながら、すべての分離型特別支援教育を拒否する障害者権利条約のフルインクルージョンを考えると、日本の対応は不十分だという議論もある。近年特別支援教育制度に在席する生徒数は急激に増加し、この二〇年間で倍増している。ユネスコの指針も障害者権利条約も特別学校の役割を否定してはいないが、日本における分離教育の拡張傾向には、過度な競争を強いられる通常教育からの自主避難や過大すぎる学級規模と教員の過重労働など、放置された問題と連動している。フルインクルージョンが目標とする「社会への完全かつ効果的な参加とインクルージョン」（障害者権利条約第三条の一般原則）への対応には、インクルーシブ教育をいわゆる「通底の原理」とした「多様性に応じた」あらゆる可能性への取り組みが必要だ。

障害をもつ子どもの美術教育――歴史と現在

子どもの教育が子どもの独自性の承認からはじまったことは周知である。ディドロ［1713～1784］がロックの経験論を踏まえた感覚教育において、盲人のスキルが教育可能であると考えたことが盲教育の思想的基盤となって、最初の盲学校（一七八四年）が貧児を対象にアユイ［1745～1822］により創設された。障害児を対象とする組織的学校教育は盲教育から始まり、音楽と手仕事（手工教育）が自立を目的とする職業教育として実施されたが効果はなかった。

日本の障害児教育も欧米と同様、盲唖者教育から始まり、やがて分離独立する。盲教育は鍼按業を中心とする、いわゆる日本型盲教育として出発し、現在まで継続している。また、一八八六（明治一九）年の小学校令によって手工教育が開始され、同時に盲学校でも試みられた。手工科の目的は手指の訓練を第一に、職業教育としての技芸科鍼按科や音楽科の基礎教育であったが、手工教育そのものは普通学校におけるものと同様に低迷しがちであった。

日本において、障害児者のアートが発見されるのは第二次世界大戦後のことである。一九五〇年代から始まる盲児の美術教育は福来四郎、山城見信、西村陽平らによって発展した。それに先駆け一九三〇年代には八幡学園で図工の時間が始まり、みずのき寮、信楽青年寮、すずかけ作業所などの障害者施設によって、すぐれた絵画や立体作品が生みだされた。学校と施設の違いはあるが、芸術家や心理学者が障害児の才能を発見し、作品そのものに注目が集まった点は共通している。

八幡学園（千葉県市川市）では心理学者の戸川行夫によって、貼り絵の天才と呼ばれた山下清などの多くの才能が発見され、「特異児童画展」（一九三八年）などを通じて、知的障害者の優れた表現が世間に広まった。知的障害者のアート活動はその後、「松花苑みずのき寮」（京都府亀岡市）の日本画家・西垣壽一の絵画教室（一九六四年）、「一麦寮」の前衛陶芸家・八木一夫の作陶指導（一九六四年）、「信楽青年寮」の絵本作家・田島征三の絵画・陶芸（一九八四年）、「すずかけ作業所」の絵本作家・はたよしこの絵画教室（一九九一年）など、障害者福祉の現場で展開していった。ここでは、紙面の都合で視覚及び知的障害の美術教育史について述べる。

視覚障害教育

学校での取り組みは、盲学校の粘土造形の実践が際立っている。神戸市立盲学校の福来四郎は一九五〇（昭和二五）年から盲児の粘土工作を開始し、優れた実践を多くの著書（写真集）にまとめている。最初の著書『眼がほしい』（一九五七年）には初任で担当した中学生から「見たことないもん、作られへん。そんなもん作って何するのん」と返され苦悩する福来の様子が描かれており、自己表現という美術教育から乖離した、当時の視覚障害児の境遇がよくわかる。その後、一九六〇年代より、山城見信らによる沖縄県立沖縄盲学校での沖縄の伝統を生かした迫力ある陶芸教育の実践、また千葉県立千葉盲学校の西村陽平（一九七四〜八九年）の造形教育も国内外で紹介されて高い評価を受けた。

また、村山亜土・治江夫妻が視覚障害者の長男・錬の「ぼくたち盲人もロダンを見る権利がある」という言葉によって設置した、視覚障害者のための手で見る美術館「ギャラリーTOM」（一九八四年、東京・渋谷区）の開館も特筆される。触れる美術館の活動以外にも全国盲学校生徒作品展「ぼくたちのつくったもの」（一九八六年）を開催し、佐藤忠良や堀内正和などを選者として学校賞（TOM賞）を設けるなど、学校教育との連携にも力を注いだ。

知的障害教育

知的障害はかつて精神薄弱と呼ばれ、最初の特別な学級がつくられたのは一八九〇（明治二三）年で、義務教育の浸透とともに増加した学力不振児の受容が目的であった。肢体不自由教育は一九二一（大正一〇）年の柏学園が最初である。戦後になっても重度の障害児に対しては就学が猶予・免除され、ほとんど入学は許可されなかった。一九七九（昭和五四）年、養護学校の義務化が実現した。

昭和二〇年代の知的障害教育は、デューイ［1859〜1952］の生活経験主義に基づく生活単元教育が中心であった。彼らが抽象よりも現実的具体的学習を好むという理由からである。この頃の知的障害の図工教育の目標には、①治療や精神衛生、②運動機能訓練、③図工の技術習熟、④認知力・持久力・協調性などの育成、⑤職業準備などがあった。一九六二（昭和三七）年養護学校学習指導要領では、その他に「人間関係」「余暇の利用」などがあり、普通教育に準じる形式で障害の種類や程度に合わせるような配慮を求めている。しかしながら、この時代は障害者を社会に合わせる社会適応・順応を強く求める作業教育による技能主義が主流であった。小串里子は『ワクのない表現教室』（二〇〇〇年）の中で、一九五九年当時の都立青鳥養護学校では一週間の大部分が作業学習で、コンクリートブロック作り、縄ない、竹かごあみ、雑巾ぬい、ちり紙折りなどだったと振り返り、生徒から「先生、きょうも朝から、ずっと作業だったんだよ」と訴えるように言われたと記している。小串は、「運動への衝動や行動の反復、破壊行為や欲求、空想など粘土にふれることでの自己表出は、心理的な解放になります」と言い、その後も自身の現代美術の制作の理念に基づき、技術の習熟や作品の完成を目指さないプロセス重視のワークショップ型の造形教育によって、この分野に大きな業績を残した。小串は自分の美術教育を「ワクのない表現教室」と呼ぶ。子どもが自分の表現の枠をはずすのは大変だが、はずすことができれば自発的な表現になると言う。

障害・アート・教育とソーシャル・インクルージョン

障害には医学モデルと社会モデルがあり、前者は障害を個人の機能形態不全、後者は社会的障壁と捉える定義である。周知のように、医学モデルは障害者への差別の要因であり、「かわいそうな障害者像」をつくり出してきた。現在インペアメント（機能障害）を無視しないで、両者を統合する「相互作用モデル」（国際生活機能分類：ICF）が提案されている。障害をもつ人ともたない人が相互に影響しあって、関係性を変化させながら生きていく（生活機能）モデルである。

障害の定義の変化は、近代社会システムそのものへの批判と連動する。障害者が近代産業社会に貢献できない理由を、「社会モデル」の立場では社会の障壁によって能力を発揮する機会を奪われた、つまり社会システムが「障害(disability)」をつくり出すと捉える。アートの文脈から言えば、障害は完全に個性であってデメリットではない。この場合アートとは、非効率的で批判的な性質を武器にしながら、物事／世界を根源的な部分で捉え直し、人間の生の営みを全体で支える「生きるための身体技法」と定義できる。すなわち、美術、音楽などの独立した形式をなす前の、人間の生命が持つ「よりよく美しく生きる」力である。

近年、そのようなアートがインクルージョンの力になることが起こっている。例えば、ソーシャリーエンゲイジドアートやコミュニティアートは、社会的マイノリティと協働し、コミュニティの問題を視覚化し、解決に導こうとする過程を作品化する。このときアートは、作品づくりや鑑賞の対象ではなく、社会包摂のツールになって積極的に社会と対峙し、時には社会的課題を越えてアートやアーティスト自身さえも更新していくのである。詩人の上田假奈代が主催する「釜ヶ崎芸術大学」では、不況、野宿、高齢者問題など多くの福祉的な課題をもつ地域をアートによって包摂することで、人間の生き様の実践(＝アート)の場としてみせている。しかしながら、アートによって社会の不浄な問題がヴィジュアルに美化されてしまうというアートの社会包摂への批判もあり、マイノリティ／マジョリティの境界は排除／包摂を二元論的に考えるのではなく、むしろ関係性を交換しながら多元的社会構築を引き受けるために、アートは「生の身体技法」として再定義されることが必要だ。

アウトサイダー・アート、アール・ブリュットへの注目と問題点

あらゆる領域で近代的なシステムに懐疑が生じ、アートの世界でも例外なく見直しが進む。最近のアウトサイ

ダー・アート、アール・ブリュットなどへの注目も同様である。後者はジャン・デュビュッフェ［1901〜1985］が命名した「伝統的な美術史の評価外にある生《き》の芸術」（一九四五年）をいい、前者はR・カーディナルによる英訳である（一九七二年）。近年日本ではこれらを障害者アートとする誤解がみられる。特にアール・ブリュットは知的障害者施設を中心に障害者支援や教育のツールとして急速な支持を広げ、公的支援（厚生労働省・文化庁『障害者の芸術活動への支援を推進するための懇談会』二〇一三年）がさらなる拡張を促す。しかし、服部正による障害者アートを現代美術として正当に評価する理論構築やその仕組みづくりを模索する「アトリエ・インカーブ」、インサイダーとアウトサイダーを越境させようという「ボーダレス・アート・ミュージアムNO-MA」など、従来の芸術と福祉の二元論を解消する挑戦も増えている。いずれにしても、障害をもつ人の表現を含む、アウトサイダー・アートやアール・ブリュットが私たちの心を捉えるのは、現代美術が社会性を強め、概念（コンセプト）化した結果、誰もが素直に受容できないものになってしまったからであり、破壊的で知性偏重の現代美術に対して、それが、競争ではなく、共感を基盤とする関係性で成り立っているからであると、保坂健二郎は『アール・ブリュット　アート　日本』（二〇一三年）の中で指摘する。

アートがつくるインクルーシブな社会と教育

インクルーシブ美術教育とは、アート（芸術）を基礎にして教育を再構築しようとする試みである。「人間の多様性の尊重等の強化、障害者が人格、才能、創造性を最大限に発達させ、自由な社会に効果的に参加する」インクルーシブ社会の実現には、多様性を確認しながら違いを強みとして新たな文化を創造できるアートの学びは力を発揮する。

アート／教育が今必要とされる理由は、断片化され、孤立した人と世界をもう一度つなぐツールになるからである。情操や感性を基盤としているアート／教育は、調和ある全体をつくることに配慮した全人的な教育でもある。美術教育が理念としてきたハーバート・リードの『芸術による教育』（一九四三年）も人間の精神活動を基礎とする統合的な教育論＝美的教育論であった。教育学者の太田堯《たかし》は自分の教育学を『生きることは学ぶこと――教育はアート』（二〇一三年）の中で「アートとしての教育」と呼ぶが、教育とは「ちがうこと」「かかわること」「変わりつづけること」という生命の根源的自発性に従って自己創造をするクリエイションだという。その他、ルドルフ・シュタイナー［1861～1925］の「教育芸術（Erziehungskunst）」論など、教育をアートとする教育論には、「アート（芸術）」を「目に見えるもの」ではなく、その背後にある「見えないもの」と捉える共通の視点がある。アートの教育は冷たくなって関係性を失った部分をふたたびあたため、その見えない無意識の世界を豊かに耕す力をもっている。教育とは、かけがえのない個人にむけてする営みである。それは、太田が言うように、アートによる「命とのひびき合い」として、総合的でインクルーシブな学びになるはずだ。

参考文献

太田堯『生きることは学ぶこと――教育はアート』（太田堯自撰集成 1）、藤原書店、二〇一三年

小串里子『ワクのない表現教室――自己創出力の美術教育』フィルムアート社、二〇〇〇年

服部正『アウトサイダー・アート』光文社、二〇〇三年

保坂健二郎監修『アール・ブリュット　アート　日本』平凡社、二〇一三年

茂木一司「インクルーシブアート教育システム構築のための覚え書き」、『群馬大学教育実践研究』第三三号、二〇一六年、および第三四号、二〇一七年

21　芸術療法としてのアート

今井　真理

近年、芸術の精神療法としての可能性が見直されはじめ、特に医療や福祉などの現場で、「芸術療法」を用いたさまざまな角度からの取り組みがなされつつある。美術館に展示され鑑賞される作品としての「アート」とは別に、「アート」という芸術活動が心身に何らかの問題を抱える人々にとって療法として機能するとき、言葉以上の威力を発揮する強力なコミュニケーション・ツール、つまり情報交換の道具となる。療法としてのアートは、作品そのものに審美的な価値を見出そうというものではないが、作者つまり患者の抱える苦悩が直接、作品に投影されるため、その表現には、時として通常のレヴェルを超えた強烈なインパクトがある。そこから言葉では語りきれない、患者の精神的な痛みが感じとられる場合が少なくない。「アートセラピー（Art Therapy）」、つまり芸術療法がノンヴァーバル（非言語的）・コミュニケーションといわれる所以である。

この芸術を介したクリエイティブな療法は、精神科医の専門治療にとどまらず、臨床心理士などの心理カウンセリングにおいても、さまざまな問題を解決するために有効に作用する。認知症の高齢者、薬物依存症、ＨＩＶ患者や、家族やカップル間に問題を抱える人々、また特別な配慮が必要な子どもなどに対して、国籍、年齢や性別を問わず、普遍的に有効な実践的方法として認識されつつある。

芸術療法とその始まり

「療法《セラピー》（Therapy）」とは、精神的または肉体的な疾患に悩む人々を、薬物や手術によらずに治療することである。古代ギリシャの医聖ヒポクラテス［前460頃〜375頃］は精神と肉体的健康が互いに関連していると述べているが、すでに古くから精神疾患の治療には、農耕、動物飼育、園芸、手芸などの作業や音楽をはじめとするレクリエーションが有効であるとされてきた。ここに今日の「芸術療法」の原点があると言える。セラピーの語源である、ギリシャ語の「therapeia《テラペイア》」の本来の意味は「付き添い」であり、そこから「看護、みまもる」という意味が生じている。セラピーは医術でもって患者を治療するのではなく、当事者同士の「カウンセリング」つまり相談と助言によって治療が進められる。この相互の意思の疎通の、言語では通じ得ない部分をアートを用いて行うのが「アートセラピー」である。したがってセラピーの受診者は患者ではなく、「クライアント（依頼人）」と呼ぶのが一般的となっている。

「芸術療法」には、絵画などの表現を分析することによって、精神病理学的に障害を取り除こうとする理論的な研究の流れと、レクリエーションや作業療法といった実践的なセラピーの流れとがあったが、近年になってようやくこれらが一つに統合されつつある。理論的および実践的な研究のいずれにおいても、その主たる手段を提供してきたのが絵画であったが、最近では美術から、さらに広く音楽、舞踏、演劇などのアートも、この療法に有効であると積極的に取り入れられつつある。ちなみに精神病理学と芸術の関係を分析した先駆的な研究として、哲学者のヤスパースによる『ストリンドベルクとファン・ゴッホ』(一九二二年)がある。この研究に刺激されて本格的なゴッホ研究(『ファン・ホッホの生涯と精神病』一九三二年)をはじめ、山下清を「日本のゴッホ」として育てたのが、精神病理学者の式場隆三郎である(この両者の関係について、アウトサイダー・アートの観点から今なお議論が絶えない)。

ところで、今日につながる「アートセラピー」の原型が形成されるのは、国際的にもかなり遅く、一九四〇年代の英語圏においてであった。

イギリスにおける「芸術療法」

「アートセラピー」という用語が生まれたのは英国においてであり、その命名者とされているのが、後に「英国のアートセラピーの父」と呼ばれた、エイドリアン・ヒル〔1895～1977〕だとされる。その研究のきっかけは、自身が結核療養所で治療を受けていたときのことである。長期にわたる入院生活を余儀なくされる病の中で、不幸を嘆くことなく療養と回復に専念する手段として考えたのが、絵画制作という創造活動に集中することであった。画家でもあったヒルは、この着想の実効性を確かめようと、同じサナトリウムの患者たちに勧めたのが、英国におけるアートセラピーの始まりである。その記録がヒルの『芸術対病い(Art Versus Illness: The Story of Art Therapy)』(一九四五年)である。

このヒルの芸術療法の普及に協力したのが、同じくアーティストだったエドワード・アダムソン〔1911～1996〕だった。この時期まだ、アートセラピーの理論と実践は必ずしも歩調を一つにしてはいなかった。その状況の中でアダムソンは、表現されたものに対する心理学的解釈を嫌い、精神的障害を取り除くセラピーの実践に専念した。クライアントには、ただひたすら「自由に表現すること」を奨励し、「不干渉主義者」と呼ばれた。

アダムソンが収集した、精神的障害を抱えた人たちの作品は「アダムソン・コレクション」と呼ばれ、一〇〇人以上による六〇〇〇点の作品が現存する。これらを臨床記録、あるいはアウトサイダー・アートと見るか、いまだに意見が分かれるところである。かれはまた、ハートフォードシャー大学に英国初の「アートセラピー・プログラム」を立ち上げた功績によっても知られている。

アメリカにおける「芸術療法」

米国において、ヒルとほぼ同時期に「アートセラピー」という用語を使いはじめたのが、「アートセラピーの母」と呼ばれる、心理学者マーガレット・ナウムブルグ［1890〜1983］である。その独自の方法論は「自発的な芸術表現による無意識の解放である」というものであり、当時の米国で流行したフロイト流の精神分析学の影響が見て取れる。その実践的方法として取り入れたのが、姉のフローレンス・ケインが開発した「スクリブル法（Scribble Technique）」という、セラピストとクライアントが対面して、互いに「スクリブル（なぐり描き）」の描き合いをするというものである。言わば「双方向的」なシュルレアリスムの自動書記法とも見える。こうしたアートセラピーをマーガレットは「力動指向的芸術療法（Dynamically Oriented Art Therapy）」と名づけた。

米国でもう一人あげておきたいアートセラピー研究の先駆者が、エディス・クレイマー［1916〜2014］である。オーストリアからの難民で、バウハウスの芸術運動の影響を受けた実践的なアーティストでもあった。そのこともあって、ナウムブルグとは反対に、芸術の実践活動からアートセラピーを引き出している。クレイマーの研究の発端は子どものためのアートセラピーにあった。その代表的な著作として『子どもたちの治療としての芸術（Art as Therapy with Children）』（一九七四年）、『子どもたちのコミュニティにおけるアートセラピー（Art Therapy in a Children's Community）』（一九五八年）がある。

日本における「アートセラピー」の研究と実践

日本でのこの種の研究の初期のものとして、医師の徳田良仁の『精神分裂病絵画についての考察』（一九五七年）、同じく医師の中川保孝による『精神病者の絵画の研究』（一九六〇年）がある。この徳田を中心として、一九六九年に第一回「芸術療法研究会」が発足し、画家の病跡学的な分析や絵画療法などの実践報告を中心に研究発表が行われ、一九七三年からは「日本芸術療法学会」として改組、「日本学術会議」にも登録され現在に至っている。近年の研究発表では、その対象は絵画にとどまらず、音楽療法や詩歌療法、ダンス療法など幅広い分野にわたっている。

これらの研究に先んじて戦前すでに、治療や療育を目的としたアートの実践があった。なかでもよく知られているのが、一九四〇年代に千葉県市川市の知的障害児収容施設の八幡学園に入所していた、山下清の「ちぎり絵細工」の作品である。軽度知的障害のある山下清の才能が広く認められることとなったのは、八幡学園の創設者である久保寺保久が、入所者に「貼り絵」の授業を実施したことがきっかけである。学園には他にも優れた才能を発揮した児童もいたが、いずれも早く亡くなっている。この当時、こうした施設に収容されていた者たちが制作した作品を、「アート」として眺める意識はまるでなかった。そのかれらの表現力の素晴らしさを見出したのが、早稲田大学心理学教室の講師、戸川行男だった。こうして「特異児童労作展覧会」が、一九三八年に早稲田大学大隈講堂で開催された。知的障害があっても、人間本来の美的感性、造形的能力がそこに遺憾なく発揮されていたのである。日本における「アール・ブリュット（混ぜもののない生《き》のままの芸術）」、あるいは今日の「アウトサイダー・アート」の先駆けと言える。これが契機となって、各地の障害者施設で積極的な絵画指導が行われるようになった。一九五〇年代から、先に触れた中川保孝が、佐賀県の嬉野温泉病院で自らの「絵画療法」理論の実践を行い、続いて日本画家で美術教育者でもあった西垣壽一が、京都府の知的障害者施設「みずのき寮」にアトリエを構え、障害者のための本格的な絵画指導を試みたのである。

芸術療法とアートセラピスト

理論と実践が一体となった「アートセラピー」研究は、なお発展途上にあり、必ずしも体系化された方法論を共有しているとは言えない。その定義や目的についても組織によって異なる。「イギリス・アートセラピー協会（BAAT: British Association of Art Therapists）」では、「アートセラピーとは、画材を表現とコミュニケーションの主要な方法として用いる心理療法の一つで、芸術を診断ツールとしてではなく、心理療法の媒体として用いる」とあり、「アメリカ・アートセラピー協会（AATA: American Art Therapy Association）」では、「アートセラピストは、心理療法的な人間関係を通じて、芸術制作、創造的プロセスにより、個人や家族、あるいはコミュニティの生活を豊かにする精神衛生の専門職」（いずれも筆者による要約、強調も筆者）と述べられ、アートとセラピーの関係の捉え方にも、相互に少なからざる解釈のずれが感じられる。

にもかかわらず、新しい職種としての「アートセラピスト」需要は多い。だがこのアートセラピストになるための資格は、国によって異なる。アメリカではアメリカ・アートセラピー協会、イギリスではイギリス・アートセラピー協会が指定する基準と要件を満たさなければならない。またアートセラピストの活動の場も、元来の精神的な医療専門職に留まらず、臨床的環境とは直接関わりのないアートスタジオなどの領域にも拡がりつつある。

一九六九年に誕生した日本芸術療法学会にも、学会が独自に認定する「芸術療法士」の資格があるが、この認定制度は現在のところ、アメリカやイギリスほど厳正な規準に基づくものではなく、欧米なみにセラピストの活発な活動が見られるとは言い難い。最近では民間企業や特定非営利活動法人においても、それぞれ独自のネーミングで、芸術療法士と類似する名称の資格を認定しているところがある。

近年この芸術療法をめぐって問題となっているのが、言語によるのではなく、アートという視覚的手段を用いるため、簡単に取り組めると安易に考える人が多いことである。二〇一一年の東日本大震災のおりに、被災地で子どもに絵を描かせてリラックスさせようとこの療法を試みたところ、それがむしろマイナスに働いてしまったという事例があり、日本心理臨床学会が注意を呼びかける指針をまとめたという新聞報道もあった。この芸術療法には専門的知識と地道な臨床的トレーニングが不可欠なのである。

また芸術療法をほどこす立場にある者は、クライアントの表現したものや、その過程において表出されたものを、審美的価値の対象として捉えるべきではない。このことを充分に認識した上で、対話を試みる必要がある。芸術表現を介した治療の「過程《プロセス》」こそが重視されるべきであり、そのアーティスティックな表現を通じての対話には、慎重すぎるほどの配慮が求められる。「セッション」での療法の進め方は、クライアントの自発性をあくまで重視し、セラピストのイメージ通りに治療が進まなかったとしても、これを強要してはならない。このことは銘記されるべきである。

芸術療法は科学と芸術との学際的な研究であるが、従来はもっぱら個別的な事例研究に留まるケースが多かったように思う。近年、ようやく科学的な知見への人々の興味と関心の高まりから、科学に寄り添う傾向を強めつつあるが、なお未知なる部分の多い研究分野である。

参考文献

飯森眞喜雄編集『芸術療法』(こころの科学セレクション)、日本評論社、二〇一一年
徳田良仁、大森建一、飯森眞喜雄、中井久夫、山中康裕監修『芸術療法』(1 理論編・2 実践編)、岩崎学術出版社、一九九八年
マーガレット・ナウムブルグ『力動指向的芸術療法』中井久夫監訳、内藤あかね訳、金剛出版、一九九五年

22　映像メディアによる美術教育

佐原　理

ドビュッシーの「映像（Images）」第一集「水の反映（Reflets dans l'eau）」を聴けば、おそらく誰しもの頭の中に水が弾ける美しい映像が広がるのではないか。ここでのフランス語「イマージュ（Images）」が「映像」と訳されるように、映像には眼前の現実世界としてのイメージ、頭の中の心象像としてのイメージ、双方の意味合いがある。つまり映像は頭の中で視覚的に想像したり、想起されたりするものでもあれば、眼前の世界を捉え、地域や社会の様子を写真のように写しだした像や、モニターのように光で映しだされた像でもある。そうした映像の概念を鑑みれば、その映像を媒介する映像メディアがいかに美術教育と親和性が高いものかよくわかる。美術教育は他者や身の回りの社会といった眼前の世界と自己の内面という二項に対して、造形原理という基礎的・基本的なスキルを応用し、表現および鑑賞の活動を通して両項の中心にある感性というフィルターを豊かに形成し、情操を養う教科だからである。つまりわれわれの思考は外向きと内向きの双方向の関係性の中で捉えられることから、映像との親和性が高いのである。特に二〇世紀以降の映像技術の発展によって、われわれは世界中の様子を見ることができるようになった。それにより、眼前の世界のみならず映像メディアを通して多様な世界を受容し、そこから心象イメージを形成している。またその逆に、心象イメージによって理想的な眼前の世界を想像し、実際に視覚化し映像メディアを通して他者と共有しているのである。この身体の外と内の映像はつねに呼吸のように内外を行き交い、豊かに知を形成していくのである。数ある教科の中でも美術教育は視覚化・触知化する活動を扱う唯一の教科であり、社会を構成する人間として創造的スキルやイノベーションスキルを身につけることに特別に長けた教科である。

インターネット環境や・モバイルデバイスなどの情報コミュニケーション技術が整った情報環境の中で、どれだけの子どもたちが映像によって知識を得て、概念を形成しているか想像することは難しくないだろう。行ったことのない国、食べたことのないもの、映像メディアを通してそうした情報を知る機会は非常に多い。しかし、われわれはそれらの実態を、自己の経験をもとにして匂いや身体感覚など広い意味での触覚を投影しながら捉えているに過ぎない。無論そうした映像による知識の獲得は直接的ではなく間接的体験によるものである。近年そうした間接的体験が増加したことが、そもそも一九九八（平成一〇）年告示の中学校学習指導要領改訂で美術教育に映像メディア表現が導入されたことの背景の一つにあることをおさえておきたい。

一般的に戦後の日本の美術教育の主流な考え方では、美術教育は「自己の内面表出を柱にして個性化と人格形成を図る」ものであり、学習者の知や感性を醸成していくことが、教科の中心的価値であると捉えられてきた。こうした日本の美術教育の根底にある教育理念を尊重するという観点に立てば、映像メディア表現においても個の内面表出を基軸としながら映像メディアを通して対象をみる力を深め、そして知を獲得し感性を鍛錬し情操を養い、さらには最上位目標である「生きる力」の獲得につながるような実践をしていくことが求められる。このように美術教育の骨子との親和性を求めていくことで、実践が難しいとされた映像メディア表現の内容を教育内容に合わせて容易に組み合わせていくことができる。二〇〇八（平成二〇）年告示の中学校学習指導要領美術編では、教育内容は発想に関わる項目、そして表現技能に関わる項目に設定され、そのなかで映像メディアを自由に学習内容と組み合わせて活用できるようになった。より柔軟に情報コミュニケーション技術や映像メディア表現の学習内容を創造的に取り入れていくことが期待されている。

映像メディア表現の授業実践の難しさは、授業用の設備不足や実践例の不足といった課題に焦点化されてきたが、映像メディア表現が導入されて概ね二〇年が経過するなかで課題解決も徐々に進み、現在では多様な実践例が全国に遍在している。また、すでに指導者や学習者の多くがスマートデバイスを所持している状況や、わずか数万円でそうしたデバイスが購入できるようになってきたことから、できる範囲で少しずつ工夫しながら授業実践を進めていけるだろう。大学教育の現場でも学生が授業用にスマートデバイスを持参し利用するように、さまざまな課題があるものの今後の初等中等教育の現場でも個人端末利用を推進する可能性も考えられる。そうした状況の中で映像メディア表現はどのような授業実践が可能なのか、以下、導入段階で映像と身体とのつながりを体験させることの重要性、映像メディアの素材特性を活用する方法論、そして映像メディア表現のカリキュラム構造の三つの視点から考えてみたい。

導入段階――映像と身体をつなぐ

これまでも複数の美術教育研究者が、映像メディア導入時において映像と身体との結びつきを実感させることの必要性について触れてきている。美術教育において間接的体験の増加が映像メディア導入の背景にあったと述べたように、九〇年代当時は子どもたちがゲームやテレビなどに没頭し、そういった間接的体験の増加が子どもの健全な発達に影響するのではないかと懸念されていた。そこで、一九九八（平成一〇）年告示の中学校学習指導要領美術編では、教育の情報化とも合わせて映像メディアが導入されたのである。授業実践を具体的に示す各社の教科書では、一九世紀の映像装置が数多く紹介されている点や、万華鏡の覗き窓にカメラを設置し、万華鏡を操作しながらテレビモニターに映る映像を鑑賞する参考作品、また、映像と身体が密につながるインタラクティブな作品を制作してきたメディアアーティストの岩井俊雄による作品が大きく取り上げられるなど、映像と身体の結びつきを直接体験として取り組む点が日本の美術教育の特徴である。経験的に映像と身体の結びつきを実感させることは、実態のない映像をリアリティのある実態として捉え、興味関心を高めることにつながる。簡単なものとしては、懐中電灯を自身に照射してその反射光を虫眼鏡で集光すれば壁に映像が投影できる。投影映像が生まれる瞬間を体験し、自己と映像が直接的に結びついていることを理解できたとき、児童・生徒の多くは「白黒じゃない、不思議だ、リアルで驚いた」という反応を示し、映像と自身のつながりにリアリティをもつのである。また、同様に多くの教科書にも取り上げられている「驚き盤」など原初の映像装置でも眼前の空間で映像が動き出す体験ができ、映像への興味関心を高めるという研究成果が出されている。原初の映像装置の活用は、映像メディア表現の導入段階として非常に有効であろう。

映像メディアの素材特性「映像的触覚知」を活かす

映像メディアにおける素材とは、基本的には対象をレンズを通して見たもの、または記録した映像素材である。美術教育において、見ること・触れることは等価であり、対象への思考の深まりを強める基本である。この、見る・触れるというプロセスにおいて映像メディアは非常に有効に機能する。映像は対象を視覚的に見ることに限らず、触覚的なアプローチも可能とするのである。多くの人が日常生活の中で意図せずとも、映像に身体感覚が刺激される経験があるだろう。ゲーム等で画面の動きと連動して体が動いたり、梅干しの映像を見て思わずその舌触りや種の硬さを想像し唾液が分泌されるなど、視覚と身体は密接につながっている。われわれは無意識のうちに映像に身体感覚を投影させて理解しているのである。このように映像の視覚情報を通して身体感覚を想像し表象的感覚を形成すること、また知識化していくプロセスを「映像的触覚知」と呼ぶ。映像的触覚知は、映像をより深く洞察する力を身につけ、美術教育において対象を掘り起こすツールとしても活用できる。映像によって時間を引き伸ばして動きを観察することや、幾度となく繰り返し再生し動きの連続性を確認し、また拡大し細部の肌理の特徴を観察するといった活動は、まさに映像メディアを通してのみ可能な触覚的に見る活動と捉えることができるだろう。つまり、映像的触覚知とは対象との身体的なつながりを類推させ、対象を視覚以上に拡大して、触覚的に認知して得られる知である。こうした対象との映像メディアを通した触れ合いは、発想に関わる項目、そして表現技能に関わる項目の中で対象を観察する手法として有効に活用できる。特に美術科における映像メディアの導入背景を鑑みると、映像的触覚知を高め、多様な実践の基盤として活用することが求められる。

カリキュラム構造——「映像による教育」と「映像の教育」

映像メディアによる表現領域は大変に幅が広く、原初の映像装置による表現や光を素材にした影絵表現、漫画・アニメーション、映画やドキュメンタリーなどのフィルム、マスメディアに流通する商用映像、映像を素材にしたメディア表現など多岐にわたる。またこれに輪をかけて一般的に使われるメディアアートという言葉には、多元的な意味がある。美術教育における映像メディア表現を構造的に捉えるために、以下の五つのフェーズで要点を整理しておくと良いだろう。

①映像と身体とのつながり（映像と身体とをつなげる導入段階）
②映像メディアの特性を活かして見る・触る（素材としての映像を組み合わせて使う）
③映像メディアで感じたものを表現する（映像による自己の内面表出）
④対象を読み解き整理するための映像（社会を映像によって読み解く：意味の構造化）
⑤自身の考えを伝えるための映像（映像を社会に発信する：意味の記号化）

①②③のフェーズは「映像による教育」、④⑤のフェーズは「映像の教育」と捉えると理解しやすいが、両者の境界はかならずしも明確なものではない。

教科書に掲載されている実践例をみると、これまで日本の美術教育における映像メディア表現の教育内容は①②③のフェーズに傾倒しており、④⑤のような地域や社会とつながるようなフェーズの実践は少ない。一方で情報コミュニケーション技術の活用を含め、映像メディアの教育は美術科のみならず他教科でも行われる。映像制作などは技術科でも選択領域として扱われており、国語科でも小学校から「写真や絵を見て伝えよう」という単元や「新聞記者になって伝えよう」、「人物の魅力をCMにして伝えよう」といった単元が教科書に登場する。このようにメディアの使用能力は全教科の課題として、メディアメッセージの読み解きなどの受容能力は国語科や社会科、または美術科の領域として扱われる傾向にあり、美術科では主に①②③のような映像メディアによる表現能力が主な範疇として住み分けされてきた。

一方でグローバルな視点でみると、映像メディアによる表現を主体としたメディアアート分野（ここではカメラやコンピュータなど情報配信メディアを普く扱う表現としてメディアアートという言葉が使われる）の教育はヨーロッパ諸国の一部やオーストラリア、米国など、先進国ではすでにナショナル・スタンダードの教科として導入されている。そうした面からみると設備面や実践体系、研究の少なさが指摘されるように、わが国における映像メディア領域の教育はやや遅れをとっている。ここでは米国の事例を取り上げて映像メディア教育のあり方の一端を考えてみたい。

米国の事例で注目すべきは、まず、芸術教科として「メディアアート」が導入された点である。映像メディアの活用が社会的なスキルとして求められる背景もあり、各領域の芸術教育学会に所属する有識者などによって組織される「全米芸術コア・スタンダード連盟（NCCAS: National Coalition for Core Arts Standards）」は、旧来のナショナル・スタンダードの芸術教科の「ダンス」「音楽」「演劇」「視覚芸術」に、二〇一四年、新たに「メディアアート」を加えた（わが国の学習指導要領にあたる米国のナショナル・スタンダードは、各領域を代表する芸術教育学会が中心となり策定する。ただしこの基準に法的拘束力はなく、各州ごとにこれをガイドラインとして、それぞれの教育環境に合わせて適宜改変しながら採択する）。主に映像制作にあたってのブレインストーミングや「拡散的思考」、アイデアや発想を創造的に生み出すデザイン思考のプロセスが組み込まれており、思考を映像メディアによって整理して伝えられる能力を育むことになっている。例えば人種やルーツに基づく地域での課題や、特定のアーティストに関する調査などを生徒自身がまとめ、映像メディアによって発表する活動が参考授業として取り上げられる。

また、二〇〇二年に米国教育省や経済団体、有識者によって構成された「二一世紀スキルのための連携組織（P21: The Partnership for 21st Century Skills）」が開発したスタンダードは芸術を中核教科として扱っており、全米の約四〇パーセントの州で取り入れられている。二一世紀の複雑な知識基盤社会の中で、芸術教育をとおして創造性やイノベーションなど汎用的スキルを養い次の社会の成長を支える人材育成を目指している点が特徴的である。さらには、「全米スキル連盟（Skills USA）」（学生・教員・産業界により構成される技術力の高い社会人を育成するための連盟組織）が作成する職業教育に特化したスタンダードもあり、映像制作など専門教育の成果を試すコンテストの開催も行われている。また、カリフォルニア州は一九六七年から継続して「地域職業プログラム（ROP: Regional Occupational Program）」、近年では「職業技術教育（CTE: Career Technical Education）」として専門的スキルを身につけるキャリア教育の推進と、それに対する予算配分を行ってきており、そこに映像教育も含まれる。二〇一七年に「全米スキル連盟カリフォルニア」で最優秀賞を獲得したプレザント・バレー高校では、生徒はプロフェッショナルな撮影技術に加え成果をポートフォリオとしてウェブ上にまとめ、すぐにでも生徒個人で仕事が受注できるような映像メディアのキャリア教育を行っている。そうした専門教育の中でも評価基準に汎用的スキルの獲得が示され、多くの生徒は大学進学を前提としながらも高い専門性を獲得している。また高校での専門教育は大学の単位としても認定される。

日本の美術教育における映像メディア表現では、こうした米国の事例にみるような映像メディア教育のフェーズ④⑤の領域が非常に弱い。映像によって知を紡ぐような「全米芸術コア・スタンダード連盟」によるメディアアートのスタンダードは日本の映像メディア表現とも親和性が高く、特に主体的に生きる力や感性を育むといった視点にそって、知的に思考を紡ぐ教育への応用展開が可能であろう。また、「二一世紀スキルのための連携組織」の示すような芸術教育を通した汎用的スキルの獲得という視点は、美術教育の可能性を高めるものであり、映像メディア表現の学習における副次的な目標と評価の指標として参考にできるだろう。一方、「全米スキル連盟」などのプロフェッショナル教育は主に高等学校レベルで行われる活動の参考にはできるが、日本の芸術教育における教科の中心的価値とは相入れず安易に導入することは出来ない。しかしながら、こうした専門教育への傾倒が大学進学への足がかりとなっている点は興味深い。プレザント・バレー高校のように、情報コミュニケーション技術を活用したウェブによるポートフォリオ制作は、わが国においても展開可能であり、少なくともウェブ等で初等教育・中等教育の過年度にわたる制作記録の作成が期待されるところである。二〇一一（平成二三）年の文部科学省による「教育の情報化ビジョン」では、「情報活用能力を育むことは、必要な情報を主体的に収集・判断・処理・編集・創造・表現し、発信・伝達できる能力等を育むことである。また、基礎的・基本的な知識・技能の確実な定着とともに、知識・技能を活用して行う言語活動の基盤となるものであり、『生きる力』に資するものである」とされる。まさに映像メディア表現の学習を通して、こうしたスキルが高められていくことが期待される。

米国をはじめ、諸外国が二一世紀の社会に必要な汎用的スキルの獲得に芸術教育の価値を見出しはじめている中で、日本の美術教育における映像メディアもこれまでの「映像による教育」を初等教育にややシフトさせながら、「映像の教育」によって思考をデザインするような教育内容を、中等・高等教育の段階にかけて増やしていくことが必要であろう。また、その中で情報コミュニケーション技術のスキル、イノベーションスキル、そしてコラボレーションスキルなどの汎用的スキルの獲得を副次的に望むことは、映像メディア表現の学習においてはむしろ必須のことである。今後の映像メディアによる美術教育の発展を期待したい。

参考文献

佐原理「米国のメディアアートカリキュラムに学ぶ映像メディア領域の方向性——NCCASが示すメディアアートカリキュラムで育む能力」、『美術教育学研究』第四九号、二〇一七年

佐原理「美術教育の特質的価値に接続する映像メディア——知識基盤社会へ対応する映像メディア領域の教育実践構造」名古屋大学、二〇一六年（博士論文）

柴田和豊編『メディア時代の美術教育』国土社、一九九三年

「ETV特集　目覚めよ身体、感覚の宇宙——メディアアーティスト岩井俊雄の特別授業」NHK、二〇〇九年二月一五日放送

23　授業論

大泉義一

授業とは

「授業」という言葉は、古くは中国の『漢書』に用例が認められ、日本においては江戸時代に江村北海〔1713〜1788〕が『授業篇』を著していることが確認されている。しかしながら、日常用語として慣用化されたのは明治期に入ってからであると言われている。そして現代においては、その定義づけをめぐって多くの主張が見られる。例えば教育方法学の視点によると、授業とは教育基本法が示す教育の目的を実現する技術過程である。すなわち、①より具体的な目標を立て、②その目標を実現するために必要な教育内容とそれを具体化した教材をつくり、③子どもに適した方法と環境をつくりだして子どもに

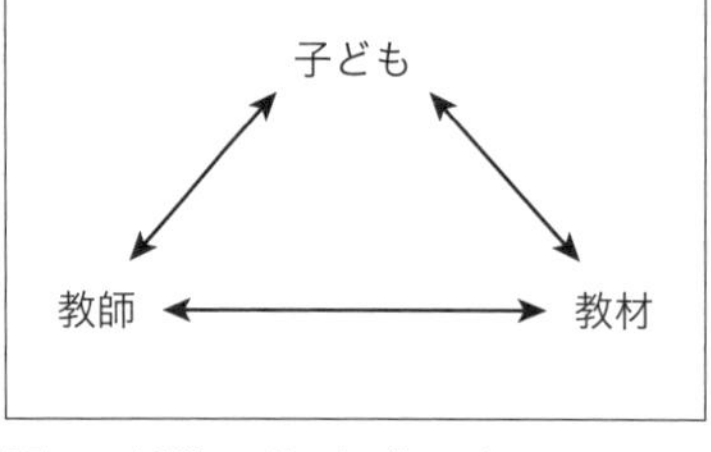

図1　授業の「三角形モデル」

働きかけ、④子どもたちの主体的な学習を保証しようとする。この定義には異論をはさむ余地はなかろう。ただし、ここで注意しておきたいことは、この定義における教育の主体は教師であるが、とりわけ④における「子どもたちの主体的な学習」において、それは子どもに置き換えられる。さらに、①の目標、②の教育内容、③の環境においては、その主体に社会、地域、保護者などが位置づく場合も十分に考えられる。つまり教育にはさまざまな主体があり、その主体の位置づけによって、授業の定義も大きく変容するのである。

以上をふまえると、授業はさまざまな要因によって構成される極めて複合的な過程であると言うことができる。したがって、そうした過程が構造化される中において授業を定義づけすることがふさわしい。ここではその構造として、『現代授業研究大事典』(吉本均編、一九八七年）にあげられている三つのモデル（「三角形モデル」、「四角形モデル」、「動的過程モデル」）を参照してみよう（図も同書掲載図をもとに作成した)。

「三角形モデル」(図1)　授業が、「教師」「子ども」「教材」の三者の関係性から成り立っているとされ、それらの相互作用の中で授業が成立するという基本的関係が示されている。近年ではこれら三者に「環境」を加えたモデルをみることもできる。

「四角形モデル」(図2)　授業の形式的作用過程である「教授」—「学習」、そして実質的関係である「内容」—「方法」の交点において授業が成立するとするこのモデルでは、授

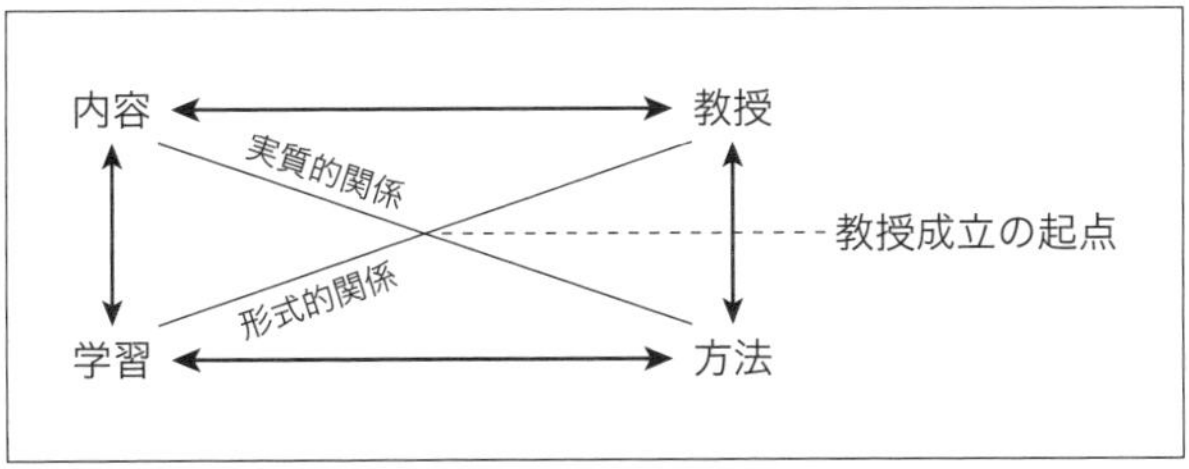

図2　授業の「四角形モデル」

業においては教授と学習が同時に作用することが示されている。

「動的過程モデル」（図３） 多くの場合、授業は一人もしくはティームティーチングの場合には数人による教師と、少なくない人数の学習集団によって営まれる。そこでは複雑な過程が構造化されており、それは次の三点に要点化される。第一に、授業は一時間ごとの孤立した存在ではなく、子どもたちの生活の論理に裏打ちされた歴史的・社会的文脈の中に存在しているものである（図３－①）。第二に、教授の過程と学習の過程は互いに応答的な関係であり、それを組織していくところに授業が成立する（図３－②）。第三に、子ども、そして集団は、授業で目標化された事項のみならず、いわば汎用的能力の伸長とともに育っていくものである（図３－③）。こうした動的過程を構造化したところに授業が成立するとする考え方である。

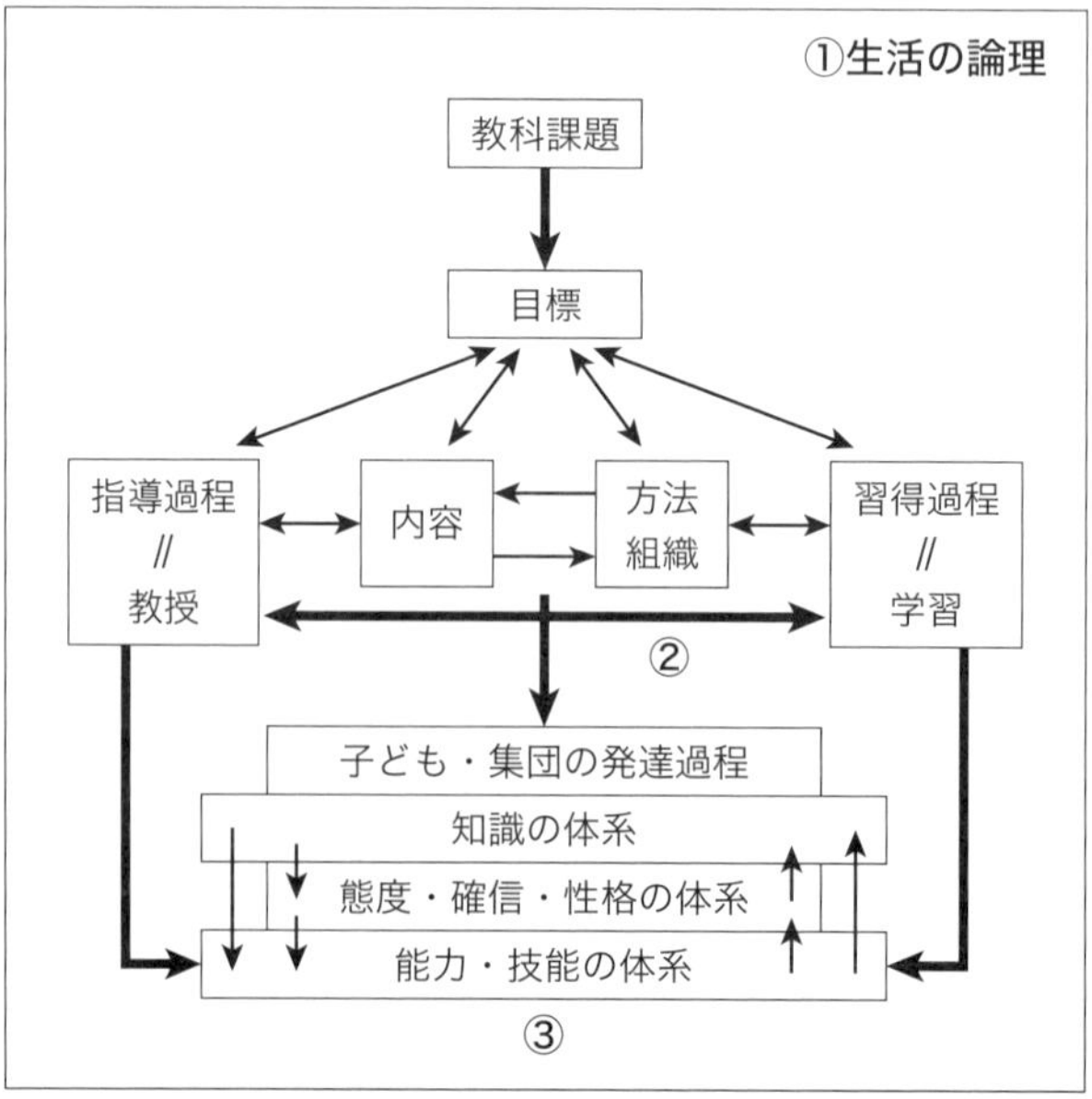

図３ 授業の「動的過程モデル」

授業をめぐる議論

前節で参照した授業の定義においては、「教授」と「学習」、あるいは「注入」と「開発」、すなわち「被教育者に何かを教え込む」と「学習者の可能性を引き出す」という二側面が欠くべからぬ要素として位置づいている。実は、このことが、「教科中心主義」か「児童中心主義」か、という授業をめぐる二元的議論を生じさせているのである。

教育学者の細谷俊夫の教授理論は、その二元論の統合の試みとして注目に値する。細谷は、ヘルバルト派によって定式化された教師の視点に立った教授過程と、学習者の視点に立ったキルパトリックのプロジェクト・メソッドの学習過程を一元化してはじめて教授の正しい過程を考えることができるという立場をとっている。細谷は、教授活動の方策（Tactics）は、寄木細工的に組み合わせることによって成り立つのではなく、その使用を意思決定する教師の方略（Strategy）によって支えられているとして、その「教授様式の運用のあり方」、すなわち運用の方略を次の三つに分類している。「教材提示的教授」では、講義、展示などによって教材を提示し、生徒はそれを受け入れ反復し、記憶することが主となり、自主的思考の余地は少ない。「誘導的教授」では、教師は生徒に教材をすべて提示するのではなく、生徒自身が学習のための活動にのめり込む。教師は生徒の思考を高めるための問答をするなどして、学習内容を生徒自身がある程度まで自主的に構成するのを援助しながら、漸次直接の指導を少なくしていく。「問題提起的教授」では、教師によって提起された問題について生徒は、教師の指導を離れてその解決をはかり活動の過程を計画し、材料や用具を選択し、自力で結論を導き出し、自分の思考と活動を自ら検討し、訂正する。細谷によるこれら三つの方策は、授業というものを、「教師」「子ども」という二元論的視座を実践において具体的に統合する考え方なのである。

一方、学習というものを文字通り学習者の立場から捉えようとする「学習論」においては、授業をそれに参画する「教師と生徒」「生徒と生徒」（さらにそれは〝学びの共同体〟を構成する「教師と教師」も含む）の〝響き合い（Orchestration）〟であると捉える。さらに、認知革命によってもたらされた学習観の変革は、学習というものを実践する共同体への参加過程であるとする「正統的周辺参加論（Legitimate Peripheral Participation: LPP）」を経て、さらにはヴィゴツキー心理学を社会的構成主義の立場から見直すことを促した。つまり、学習というものを道具として、他の人と効果的に共有することで共同体全体の実践に貢献する協同的な実践であると見なしているのである。これらの立場において授業とは、学ぼうとする学習者としての子どもがおり、それを支援する営みであると考えることができる。

以上のように、授業とは、歴史的変遷の過程においてさまざまな立場から定義づけされ、学際的な議論を通して更新され続けているものなのである。

美術科の授業とは

次に、美術科（ここでは小学校図画工作科、中学校美術科を指す）の授業について考えてみよう。学習指導要領に教科として示されている美術科の授業とは、これまで述べてきた授業論に則るものであることは言うまでもない。特に、美術科では学習者が学習の中心的課題として造形表現に取り組むことから、先ほどあげた「学習論」の立場こそが、最も親和性を有する考え方であると思われる。とは言え、美術科の授業についての統一された見解が共有されているといい難いことは周知の通りである。そうした状況の中で、長町充家は『アート教育を学ぶ人のために』（二〇〇五年）において、「美術の授業を行うために最も大切なものは何か？」と自身に問われたならば「美術教育についての、その人なりの確固とした考え方（思想・哲学）である」と答えると表明している。つまり、美術科の授業を行うには「思想」が必要なのである。その思想とは、美術科の授業が一人一人の子どもの表現に向き合うという人間形成の根幹にかかわる場であると同時に、他教科と同様に学習指導要領を根拠にその目標を実現するための学習構成であることについて、授業者自身が考えをもつことである。これは、金子一夫が『美術科教育の方法論と歴史』（一九九八年）において述べる「授業技術論には還元できない、ある一つの場における一期一会といった性格をもつものとする「授業芸術論」の考え方に近いものである。

しかしながら、同時に金子は、美術科の授業とは芸術論だけでは成立せず、美術科の教育内容が必須の要件であるはずと指摘している。ここで言う美術科の教育内容とは、すなわち学習指導要領の内容構成である。現行平成二〇年版の学習指導要領によれば、小学校図画工作科の教育内容は、「造形遊び」、「絵や立体、工作に表す活動」、「鑑賞」、そしてそれらのすべての領域をカバーする「共通事項」である。中学校美術科のそれは、発想・構想の能力においては、「絵や彫刻など」と「デザインや工芸など」に分類され、それら共通に働く「技能」が位置づき、さらに「鑑賞」、そして「共通事項」である（**図4**）。これらの内容構成は、明治期において西洋から輸入された美術

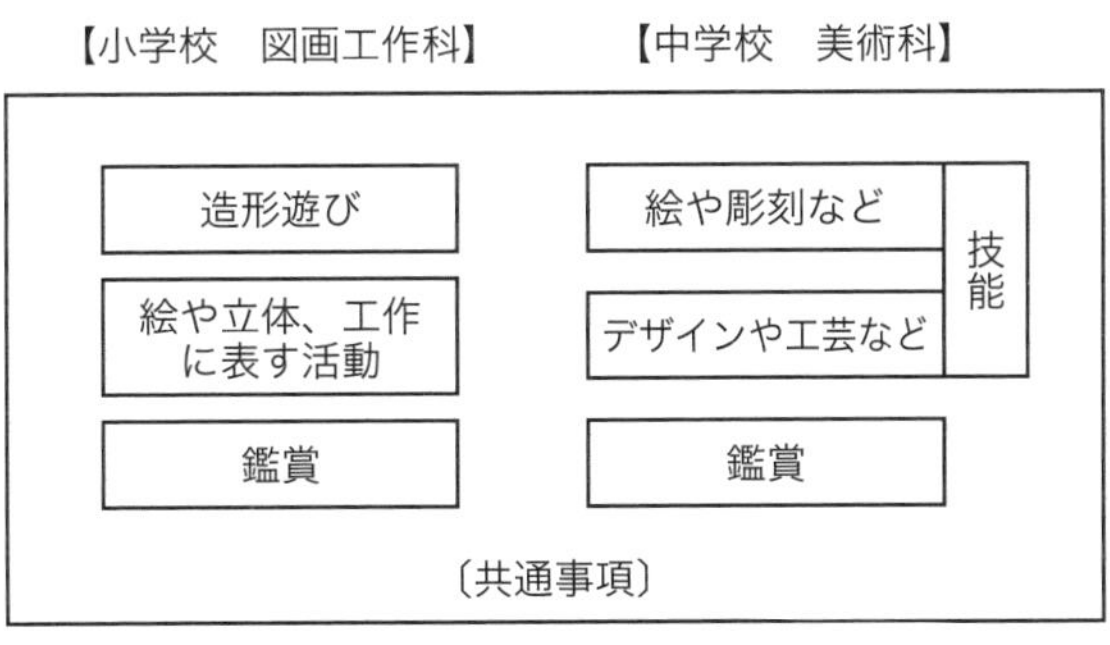

図4　平成20年告示学習指導要領における図画工作・美術科の内容構成（筆者作成）

領域論に端を発している。いわゆる「純粋美術」としての絵画、彫塑と、「応用美術」としてのデザイン、工芸、そして鑑賞の区分である。それが昭和の高度経済成長期にかけて、子どもが身につけるべき資質・能力の視点から整理され、さらに平成に入り、いっそうの児童中心主義的な学力観への転換が図られる中で、変化・統合の過程を経て現在の構成に至っているのである。さらに美術そのものが、音楽や演劇などと総合的に把握されたり、より総合的な人文科学の領域を構成する「アート」として捉え直されたりしつつある状況においては、今後、革新的で不断なる再構成が求められていくことであろう。

以上のことから、美術科の授業とは、授業者一人一人の教育、そして美術に対する同時代的な思想に基づきながら、学習指導要領に示されている教育内容を、目の前の子どもたちにとってよりよい学習活動となるよう臨床的に構成する営みであると言うことができる。

美術科のカリキュラム

これまで述べてきた美術科の授業論において強調されていることは、学習者である子どもの主体性である。これは、表現・鑑賞活動というものが、活動者の能動性を前提としているからに他ならない。したがって、美術科の授業を学校の教育課程として編成する際にも一考を要することとなる。

「カリキュラム」と関連して一般的に用いられている用語に「教育課程」がある。この「教育課程」は、先掲した「学習指導要領」という国家的な基準に基づいて、個々の学校が編成する全領域・全学年分の教育計画全体を指す。それをさらに学年、教科等で細かく計画化したものは「指導計画」と呼ばれ、いずれの場合も事前の計画という意味合いが強い。しかしながら「教育課程」という用語は、「指導計画」と同義にされたり、さらに「カリキュラム」の訳語として用いられたりする場合もある。一方「カリキュラム」という語は、近年では結果としての「学び」の総体、あるいは進行中の学習経験という意味を強調する使い方もされている。佐藤学は『カリキュラムの批評——公共性の再構築へ』（一九九七年）の中で、カリキュラムと「経験」のもつ性質を「計画としてはゆるやかな未完のシナリオのような手段であり、むしろ、教師と子どもが教材の価値と意味を発見し合い交流し合う活動の所産として生成される、創造的な教育的経験の組織」と表現している。ここでは教師が事前に計画したことだけでなく、現在学校の中で実際に学ばれていること、つまり子どもと教師の交流の中にある学びの事実が注視されており、カリキュラムのもつ計画的側面だけでなく形成的側面が強調されているのである。

学習者である子どもの主体性を重視する美術科においては、このような「カリキュラム」と「教育課程」のもつ意味の相違を実践的に理解しておくことが重要である。

美術科の教科経営

美術科の授業、そしてカリキュラムは、他の教科と同様に、立案された教科経営計画に基づいて実施される。教科経営計画とは、学校ごとの教科学習における児童生徒の実態に即して教科の目標と方針が設定され、それを実現するための方法・方策等が計画され、さらにその実践を通して評価と改善がなされていく営みである。美術科の教科経営において特に特徴的なのは、①図工室や美術室といった特別教室の管理・運営、②材料や用具の管理、③教室風土の醸成である。①には、②、③の要件も含まれてくる。教科担任制の中学校では、多くの場合、学校に一人か多くても二人の美術教師がこれらを担い、学級担任制の小学校では、管理責任者としての教科担当者はいるが、実際の運営（利用、整美）は全教師によるものとなる。

ところで、③には教師が用意する意図的・明示的なカリキュラム（「顕在的カリキュラム」）とは別に、「隠れたカリキュラム」、すなわち学習環境を通して意図されない教育内容として子どもに学ばれる道徳的規範が位置づいている。無論、そこでは「美術教師」という存在も、学習環境、教室風土を構成する大きな要因であることは無視できない。それは、O・F・ボルノウが『教育を支えるもの』（一九七〇年）において「教師と児童の間に成立し、あらゆる個々の教育行為の背景をなす情感的条件と人間的態度の全体」（邦訳は、森昭、岡田渥美訳、黎明書房、二〇〇六年より）として提唱した「教育的雰囲気」に示唆される。美術教師と子どもとの関係から生み出される「教育的雰囲気」が、美術の表現・鑑賞活動を行う場としての美術室の風土として大きく作用しているのである。

ここにおいて、これまで述べてきた美術科の授業論の基盤には、授業を行い、学習が行われている教室・場、そして授業者自身の在りようが、重要な成立要因として位置づいていることに留意すべきである。

参考文献

金子一夫『美術科教育の方法論と歴史（新訂増補）』（オンデマンド版）、中央公論美術出版、二〇一二年

佐伯胖、佐藤学、浜田寿美男他編『授業と学習の転換』（岩波講座３「現代の教育　危機と改革」）、岩波書店、一九九八年

佐藤学『カリキュラムの批評――公共性の再構築へ』世織書房、一九九七年

竹内博、長町充家、春日明夫、村田利裕編『アート教育を学ぶ人のために』世界思想社、二〇〇五年

美術科教育学会授業研究部会編『美術科教育における授業研究のすすめ方』（美術科教育学会叢書　第０号）、美術科教育学会、二〇一七年

吉本均編『現代授業研究大事典』明治図書出版、一九八七年

24　社会へと拡がる美術教育

三橋純予

現在、美術教育の行われる現場は学校だけではなく、地域や美術館をはじめとする文化施設やアートＮＰＯ等においても、独自の取り組みが活発に行われている。また近年になって全国的に展開されている国際芸術祭をはじめ、各地方や地域におけるアートプロジェクトやワークショップ開催も多くなっている。こういった状況から、従来とは異なる美術表現や教育方法も創出されている。これら新たな美術教育活動は学校現場にも影響を与え、手法の導入だけでなく、相互に協力する連携活動の事例も増えている。

学校現場以外での教育については生涯学習分野として取り扱われることが多いが、現在は学校教育や生涯学習という概念を越えて、ノンフォーマル教育、インフォーマル教育の理念研究が、特に教育社会学や教育工学の観点から進められている。これらは人格形成や能力観の視点からも今後の教育的効果を期待されている。活動内容や実施目的についても多種多様で、これらにおいて用いられる教育理念や手法は、美術教育においても大きな可能性を秘めていると思われる。本章では主要な事項や理念を取り上げることで、美術教育の豊かな潜在力と今後の可能性を紹介する。

美術館教育

「美術館教育（Museum Education）」という言葉が日本で使用されはじめたのは一九九〇年代である。従来、都道府県の公立近代美術館では展覧会開催が活動の中心であり、普及活動としては広報や講演会等だけであったが、一九八〇年代以降、横浜市、広島市、金沢市等の政令指定都市を中心に現代美術をコレクションする大型美術館建設ブームが起こり、現代美術に適した展示空間（白い壁面の展示室、いわゆるホワイトキューブ）と地域市民へ開かれた美術館を理念として設置されるようになった。建築計画でも市民が憩える無料スペースや、ワークショップ等の造形活動を専門に行う教育活動スペース（アトリエ、造形室等）が設けられた。

ソフト面では、美術教育を専門とする学芸員採用も積極的に行われ、個々の美術館の特徴やコレクションに合わせた多彩な教育プログラムが実施されるようになり、「教育普及活動」と言われるようになった。この頃より美術館のワークショップなどの教育プログラムが注目を浴び、「美術館教育」という名称が使われるにつれて、美術や美術教育に大きな影響を与えるようになった。現在でも美術館教育に関する活動事例や研究が多方面から活発に進められている。

美術館における教育手法としては、造形作家や学芸員による企画性のあるワークショップや、展示テーマに合わせたギャラリートーク（展示作品を見ながらの展覧会解説、作品解説）、セルフガイド（自分で鑑賞するための手引き）やワークシート（設問等も含む鑑賞の手引き）などの利用があげられる。また、学校や家族で作品鑑賞を楽しむ教育目的の企画展覧会も各地で開催されるようになっていった。

ワークショップ

「ワークショップ」は、手法やネーミングが美術館関係者と利用者双方に新鮮な感覚を伴って受け入れられ、美術教育分野からも注目を集めた造形手法である。企画性のあるワークショップ・プログラムを紹介した書籍も多い。ワークショップは、従来の油絵や水彩画等の技法講座とは目的が異なり、技術の習得よりも「体験すること」を目的とする。美術表現や展示作品に関連する専門的で企画性のあるプログラムも多い。数時間から数日のプログラムが多いが、数か月間という長期プログラムの事例もある。対象に合わせた少人数でのクローズド方式（申し込み制）や、誰でもその場で参加可能なオープン方式（公開）で実施する。学芸員や造形作家が単独あるいは共同で企画実施することが通常である。

ワークショップ手法の影響は学校現場にも及び、図画工作科や美術科の授業、あるいは総合的な学習の時間などで行われることもある。日本における美術館の教育活動は、全国の教育担当の学芸員が情報共有し、現状に対する熱心な議論をベースにした報告書も発行するなど、美術館教育の意義と役割を探求している。

鑑賞教育メソッド

一九九〇年代以降にアメリカのニューヨーク近代美術館（MoMA）で実施されていた対話型鑑賞教育が日本に紹介され、来日したアメリア・アレナスによる「なぜこれがアートなの？」展開催や関連書籍発行などにより、美術館における鑑賞教育への関心が高まった。近年では、美術鑑賞学習の能力育成としてクリティカル・シンキング（批判的思考）や、ヴィジュアル・シンキング・ストラテジー（ＶＴＳ）などが注目されているが、これらの鑑賞理念や手法は美術館だけでなく、最近では学校現場も含めた教育効果に対する研究実践が各地で始まっている。

また、美術館では美術作品鑑賞や表現方法に関するウェブ教材も作成されている。特にポンピドゥー・センター（仏）やナショナル・ギャラリー（英）などのホームページでは、遊びを取り入れたデザイン性の高い教材や、学校でも利用可能な造形活動事例なども公開しているので、美術館の新しい活用方法として注目してもよいだろう。

一九九八（平成一〇）年告示の学習指導要領に美術館の利用が明記されてから、学校と美術館の関係が急速に進むが、二〇一七（平成二九）年改訂の小学校学習指導要領「図画工作」には、「児童や学校の実態に応じて、地域の美術館などを利用したり、連携を図ったりすること」と明記されたことで、現在では見学以外のさまざまな取り組みも推奨されている。

同様に二〇〇九（平成二一）年に博物館法の改正があり、「博物館展示論」「博物館情報・メディア論」「博物館資料保存論」等とともに「博物館教育論」も学芸員資格取得科目となり、地域市民や学校との連携を図ることが新たなミュージアム・リテラシーとされている。美術館との連携活動は一部の意欲のある学芸員や教員らの個々の努力で実現していたが、関連する法律が整備されるにつれて、学校と美術館の連携や共同授業が行いやすくなっている。

スクールプログラム

美術館が学校を対象として行うスクールプログラムと呼ばれる教育方法がある。例えば、学校から生徒たちを美術館見学に連れて行き、学芸員やボランティアが展覧会鑑賞活動や造形活動を行う方法や、美術館学芸員が学校で出前授業を行うことも多くなっている。教育活動に熱心な美術館ではスクールプログラムや関連教材を独自に作成し、授業に活用できるように貸し出しも行っている。教師を対象とした鑑賞の手引き（ティーチャーズガイド）や学校向け教材、教員対象の研修会などを行う美術館や博物館も増えている。

また、アートＮＰＯの活動として、学校に芸術家を派遣して授業をする「アーティスト・イン・スクール」と呼ぶ、現代美術家のワークショップやアートイベントを児童・生徒らと一緒に行う活動も各地で行われるようになった。学習指導要領に縛られないプログラムはユニークな発想の企画も多い。また、ダンス、演劇、音楽、書道など他分野とのコラボレーションや特別支援を目的とした事例もみられ、図工・美術の授業、あるいは総合的学習の時間を利用して行われている。

キュレーション、アートマネジメント手法

通常、美術館の学芸員が行っている、作品調査や文献研究などを経て展覧会を企画・実施することを「キュレーション」という。キュレーションのプロセスには、美術史、美学、美術教育、美術館・博物館学にまたがる実践的な学びがあるため、展覧会を企画するプロセス自体を美術教育手法とすることもできる。実際に子どもたちや学生らが主体となって美術館で展覧会を行う事例も出てきており、広報媒体デザインからワークショップやギャラリートークまでを行うアートマネジメント手法も有効である。美術教育は表現活動に偏りがちであるが、鑑賞活動の応用として「他者に美術を伝える活動」も美術教育の範疇に入ると思われる。美術館の教育担当学芸員や美術教師を目指す学生

はこれらの活動体験を自らの教育実践に活かすことができ、生徒らにとっては美術館に親しむ良い機会となる。

ノンフォーマル教育、インフォーマル教育

博物館は社会教育施設であり、本来は生涯学習や社会教育分野において研究されることが多く、地域のコミュニティセンターや文化施設等で行われる教育は「ノンフォーマル教育」とも呼ばれている。美術分野ではほとんど使用されていないが、ＪＩＣＡ（国際協力機構）が二〇〇四年に環境教育の観点から学校教育を定型教育（Formal Education）と定義し、それ以外の教育については、非定型教育としてノンフォーマル教育（Non-formal Education）、インフォーマル教育（In-formal Education）と分類されている（表1）。

ノンフォーマル教育では、特に発展途上国において貧困や差別等により正規の学校教育を受けられない子どもたちや女性、障害者等を対象とした教育の必要性を、またインフォーマル教育では多民族の伝統的な儀式や日常生活から得る学びの大切さを主たる目的としている。ユネスコ（国際連合教育科学文化機関）はアジア太平洋地

フォーマル教育	確立した教育機関において制度化されたフルタイムの学習が与えられる教育システム。おもに5歳から25歳くらいまでを対象とすることが多い。
ノンフォーマル教育	正規の学校教育制度の枠外で組織的に行われる活動。学校外教育。フォーマル教育（学校教育）が初等教育の完全普及を達成できていない現状に対応するため、すべての人の基礎教育ニーズを補完的で柔軟なアプローチで満たそうとする活動をさす。
インフォーマル教育	日常の経験や、家庭、職場、あそび、市場、図書館、マスメディア等の環境から教育上の影響を受けることによって、態度、価値、知識、技術が付随的に伝達される、生涯にわたる組織的でない教育プロセス。

表1　JICAによるノンフォーマル教育、インフォーマル教育の定義

域での「万人のための教育（EFA: Education for All）」を教育分野における最優先課題として、各国やユネスコ関係機関等において積極的な取り組みを進めている。

また現在では、経済的・社会的な視点からノンフォーマル教育、インフォーマル教育の定義の見直しが行われ、教育工学、教育社会学分野の研究者から新たに注目を集めている。ダイバーシティ（多様性）、グローバリゼーション（国際化）、ローカライズ（地域化）と深刻な人口問題や環境問題などにより、サスティナビリティ（持続可能な社会の実現）を求める世界的な潮流を背景として、教育分野では社会に適応する人材養成や、高齢化に伴う生涯学習自体の変容が必須となるに従い、ノンフォーマル教育、インフォーマル教育への関心が示されるようになった。特にＯＥＣＤ（経済協力開発機構）では、能力評価において、学校教育時期の短期間評価がその後の長い生涯評価を決めるのではなく、「生涯」という大きな枠組みにおける長期的な視点から個人の能力を評価し育成しつづけるという考え方を示している。

このような世界の動きを受けて、日本でも経済産業省が「シティズンシップ教育宣言」を二〇〇六年に発表している。その理念では「シティズンシップ」を「多様な価値観や文化で構成される社会において、個人が自己を守り、自己実現を図るとともに、よりよい社会の実現に寄与するという目的のために、社会の意思決定や運営の過程において、個人としての権利と義務を行使し、多様な関係者と積極的に（アクティブに）関わろうとする資質」と定義しており、教育分野にもこの考え方が導入されつつある。

美術教育研究では、学校以外の現場としては美術館のみがクローズアップされ、美術館教育の手法が注目を浴び研究されてきたため、ノンフォーマル教育、インフォーマル教育という分類は使用されてこなかった。この定義は生涯学習分野に属すると捉えられていたことが要因であるが、社会に拡大していく美術教育という視点においては、生涯学習との関連と、多くの他分野との連携や融合が進む現状から、ノンフォーマル教育、インフォーマル教育を考える時期にきているのかもしれない。また、美術教育においても、「生涯学習のベースとなる学校教育」という観点での研究も始まりつつある。

社会に拡がる美術表現と教育

現代美術の表現方法は、インスタレーションやインタラクティブ手法などにより、美術館においても展示表現は常に変化している。我々が日常的に接する映像やアニメーション、デジタルメディア表現は、展示室での上映やインターネットでの発表も増え続けている。さらに、地域におけるアートプロジェクトは、街中や廃校をはじめとする地域のさまざまな場所に合わせて制作（サイトスペシフィック）されるようになった。

また、全国的にビエンナーレやトリエンナーレと呼ばれる国際芸術祭が頻繁に行われるようになり、地域特性に合わせた美術表現活動や参加型アートプロジェクトの企画実施も多くみられるようになった。地域振興を目的にする活動も多く、運営もＮＰＯや市民中心に進められることから、参加体験だけでなく企画運営を担う経験も、生涯を通じた教育活動と捉えることができるだろう。

このような美術表現自体の変化に伴い、従来になく芸術家との交流を行いやすい環境も出現している。美術館という枠を越えた表現や教育活動として、アートプロジェクト、アートイベント、ワークショップ等の手法が各地で展開されることで、地域市民が主体となり自らアートを体験的に楽しむ「アートコミュニティ」も各地に生まれている。

美術に限定されず、身体表現や音楽、演劇等が単独、あるいは融合した芸術表現活動として、幼児から高齢者までの市民を対象に企画される活動がますます増えていくと予想される。これらのコンテンツや手法が今後学校現場にどのような影響を与えるのかは大変に興味深い。学校や美術館、NPOや行政が自らの役割を明確にしつつ、相互に連携協力して、視野の広い美術分野としての教育効果を創りだす必要があるだろう。学校の外で起こっていることを図工や美術の授業に効果的に反映させられるかどうかは今後の教育システムや人材養成の大きな課題であり、美術教育の可能性であるとも言える。ぜひ、教員や、教員を目指す人は、さまざまな手法を楽しみながらそれらを体験して、社会における美術の役割の実現のためにも、地域や他分野関係者とのネットワークを築いてほしい。

美術表現や鑑賞活動は、学校の図画工作や美術の授業科目としてのみ行われているわけではない。むしろ、授業を学びの基礎として、学校を地域のハブ機能として考えられるのではないだろうか。現在は、二〇歳前後で社会に出てから八〇歳以降まで健康に生きる時代である。長い生涯を通して意義をもつという観点から美術表現や美術教育を考えることで、新たな可能性と役割をもつことができるだろう。今後は専門領域を柔軟に横断した理論研究と、社会のあらゆる現場と学校現場が連携協力する実践活動の両面から、往還型による展開が進んでいくと思われる。

参考文献

アメリア・アレナス『なぜ、これがアートなの?』福のり子訳、淡交社、一九九八年
中野民夫『ワークショップ——新しい学びと創造の場』(岩波新書)、岩波書店、二〇〇一年
日本教育工学会監修、山内祐平・山田政寛編著『インフォーマル学習』(教育工学選書Ⅱ 第7巻)、ミネルヴァ書房、二〇一六年
北海道教育大学岩見沢校　芸術・スポーツ文化学研究編集部会編『芸術・スポーツ文化学研究』大学教育出版、二〇一五年
ロンドン・テートギャラリー編『美術館活用術——鑑賞教育の手引き』奥村高明・長田謙一監訳、美術出版社、二〇一二年

が実現したい価値を見つけ出していく。

アイデアスケッチを描くことから始めるのではなく、まずは気軽に手を動かしていく中で構想を練り主題を明確にさせていく「過程のなかで見通しを立てること」を大切にします。

3）相互鑑賞によって発想を転換・展開の中で追求的にとりくむ

中間段階の相互鑑賞で、自分の制作を言葉にして振り返るとともに、作業の手元や工夫を大きな画面で共有し学び合う。

この段階を経てさらにつくりかえていく勇気を獲得していきます。

4）鑑賞活動と知識を学びとして活かす

制作の途中で、アール・ヌーヴォー、琳派、プロダクトデザインなどを鑑賞する。これらが装飾的美しさをもつだけでなく、他の素材との組み合わせや、機能と結びついていることに気づき、自らの造形的な視点に取り入れられるようにする。

例えば古いガラス片をカットして嵌め込むことを思いつく、表現をアールデコ調に抽象化するなど、鑑賞したことがそれぞれの表現に活かされます。

所感・生徒たちの声など

ある生徒が国語の作文に「ものづくりの楽しみは作る過程にあると私は考えています。ここを削ろう、ここは少し改造して工夫しよう、と色々と試してみることは楽しいものです。また、私たちの美術の授業ではそういった作る過程を通して、ただ楽しいだけでなく、試したり考えたりすることの大切さを学びます。そして、その学んだことをこれからの人生に生かし、豊かにしていくこともまた、作る過程から得られるものづくりの楽しみだと思います」と書きました。

　言われたことだけやっているのではなく、これまで学んできたことや、考え方を総動員できる環境づくりと見守る支援により、生徒自身があれこれ考えることが楽しくなってきた時に知識は創造的に生かされ、素材も道具も自らの成長の実感を伴う存在になります。

木を楽しむ！卒業記念の木彫小箱

対象　中学校3年生
授業時間　9時間

花里 裕子

「木でできることは何か」をスタートにして木彫小箱をつくる活動です。材料や手順に縛られるのではなく、木を扱う感覚や行為の「展開のある面白さ」を楽しみながら、これまでに培ってきた3年生ならではの広い視野により、イメージやアイデアが飛躍、拡張し、表したいテーマが深まることを大切にします。

目標と評価の観点

(〔　〕内は平成29［2017］年告示学習指導要領に準ずる)

◎既習の知識や経験を活かして、自らの主題に応じた表現方法を追求し、創造的に表す。〔知識・技能〕

◎さまざまな試行錯誤や仲間との対話・相互鑑賞を通して主題を生みだし、構想していくことができる。〔思考力・判断力・表現力〕

◎多様なものの見方・考え方を大切にしたものづくりの過程を楽しむことを通して、自他の違いの良さや自らの成長を実感することができる。〔学びに向かう力・人間性〕

材料・用具

ホウ・カツラ材の小箱、木っ端やガラス、針金、UVレジン、ニスやワックス、アクリル絵の具、合成漆など。

彫刻刀、ヤスリ、ベルトサンダー、電動糸鋸、ハンドリューター、ホットペンなど

教室内：プロジェクター、中継用カメラ

実践の流れと指導のポイント

1) 材料・道具と出会う

素材や大きさの異なる小箱を手にとり選ぶ中で、つくりたいイメージを膨らませていく。木っ端などを用いて彫りや塗りを試したり、道具の効果を確かめたりしながら、イメージの実現に向けて自ら試行していくことが大切であることに気づく。

導入では、生徒の「やってみたいひらめき」が「どうせ無理」にならないよう配慮します。素材や道具の配置など、なんでも試せる環境づくりを工夫します。

2) 手を動かしながら実現したい価値を発見する

「やってみたいこと」から気軽につくり始め、なんでも試せる環境の中で手を動かしながら、自分

実践の流れと指導のポイント

1）最初の「ZIP」を引く

各々、画面上で視野の中心だと思うところに、“塗り残す”ことで「ZIP」を表現する。オリジナルの単色を作り、平筆で丁寧に垂直線を引きながら1本目の「ZIP」の両側を塗る。

> 最初に、「ひとが描く絵画の原初は何か」という投げかけから、線というキーワードを導き出しましょう。直線のみで抽象絵画を表現する授業だと確認します。

> 個々の生徒のバランス感覚で「ZIP」の位置を決めさせましょう。必ずしも画面の幾何学的な中心にくるとは限りません。この「ZIP」が鑑賞者の視線を誘う絵画の視覚的な中心となることを説明します。

> ニューマンの「ZIP」を最初に鑑賞させないことがポイントです。鑑賞が先だと表現の形式だけ模倣してしまいます。

2）色面を塗り広げていく

次の「ZIP」の幅や位置を考えながら、画面の両端に向かって単色の垂直線を引くことで色面を左右に塗り広げていく。線を重ねることで面が生まれ、また、塗られた部分が地に変化し、塗り残された部分が線（図）となることに気づく。この図と地の関係が平面的な画面をつくることを理解する。さらに、2本目以降の「ZIP」の幅や位置を工夫し、視線を画面の両端へと誘導する視覚的な効果を考えながら塗り広げていく。

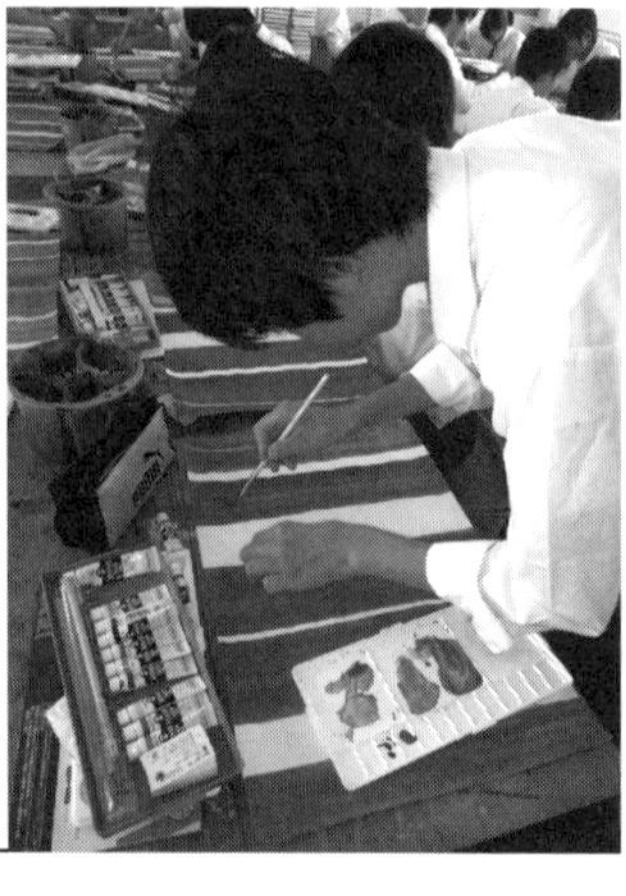
「ZIP」の幅に注意しながら慎重に色面を塗り広げる

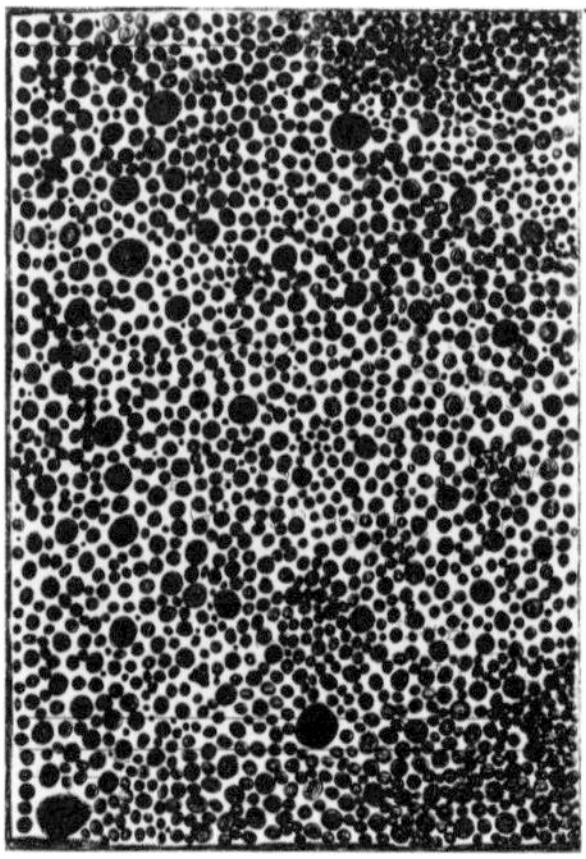
実践後に生徒が自主制作した点による抽象画

> 制作途中で自分たちの作品を相互鑑賞させると、抽象絵画の構造に対する気づきや理解を深めることができます。

> 鑑賞のタイミングは、塗り広げていった部分が面に変わるとき、色面と「ZIP」の幅が同じになる表現が現れたときです。

3）ニューマンの作品との比較鑑賞

視野の中心、視覚的な効果、図と地の関係、平面的な表現という4つのポイントで、ニューマンの「ZIP」を鑑賞し、抽象画の構造について意見を出し合う。

> ニューマンの「ZIP」と自分たちの作品との類似点や相違点に気づくように促すことが大事です。

所感・生徒たちの声など

学習全体を通して生徒が互いに評価しあいながら意欲的に表現や鑑賞に関わりました。立体的な陰影や具体的な事物の輪郭線がまったく無い「ZIP」に対して、「わからない」と投げ出さず、「カッコイイ」と言える感覚も芽生えました。また、実践後に生徒が主体的に点や線による作品を制作しました。この実践を通して抽象絵画の表現の面白さを学んだようです。

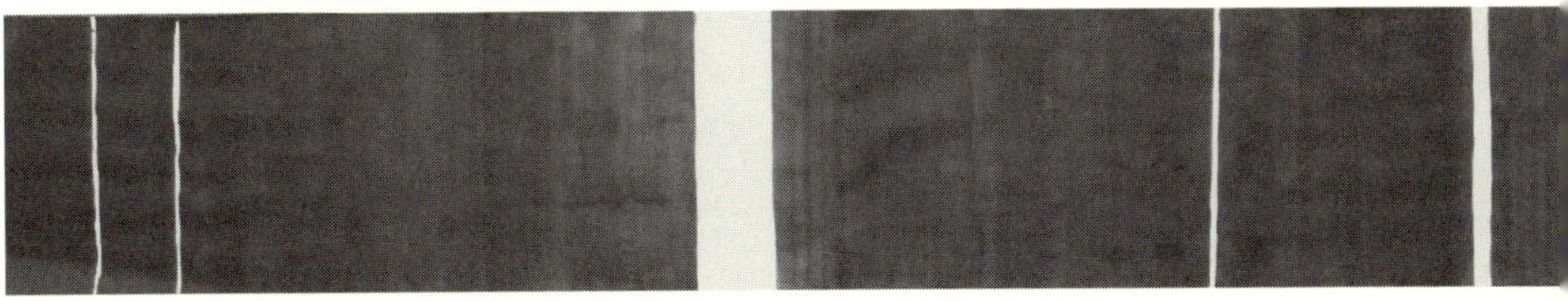

「ZIP」を用いた生徒の抽象作品

“ZIP・ZIP・ZIP” バーネット・ニューマンの絵画を探ろう!!

保富 仁之

対象 高等学校1年生
授業時間 5時間

バーネット・ニューマン(1905〜1970)の《アンナの光》などに見られる「ZIP(ジップ)」(単色の画面に引かれた垂直線で、のちにニューマンが「ZIP」と呼んだ)に焦点を当てることで、抽象絵画の図と地、線と面の密接な関係について、表現と鑑賞の両面から体験的に学習します。この学習を通して、平面的で視覚的な抽象絵画の構造をより深く理解することができます。

目標と評価の観点

◎「ZIP」を通して抽象絵画の構造を理解し、単純な造形要素(線と面)を用いて抽象絵画を意欲的に表現する。(知識・技能)

◎図と地あるいは線と面の密接な関係を考えながら、「ZIP」を使って平面的で視覚的な抽象絵画の構造をつくり出す。(思考力・判断力・表現力等)

◎主体的に表現と鑑賞の活動に関わり、極限まで単純化されたニューマンの「ZIP」のよさや美しさを感じ取る。(学びに向かう力・人間性等)

材料・用具

画用紙、アクリルガッシュ、平筆、ニューマンの参考資料、ワークシート

あとがき

この『美術教育ハンドブック』は現在の日本における美術教育を担う三学会（日本美術教育学会、大学美術教育学会、美術科教育学会）の共同企画によるものである。この三学会はいずれも、それぞれに独自の活動を行ってきたが、二〇一〇年二月に三学会共同で運営する「造形芸術教育協議会」を立ち上げ、それぞれのもてる力を結集して、日本の美術教育を振興していくことを確認した。本書はそこから生まれた成果である。

全体の構成はすでに「まえがき」に述べられたとおりであり、寄せられた論考は、わが国の美術教育の歩みを振り返るとともに、広く最新の研究動向にも目を配った報告となっている。それぞれ文章は八〇〇〇字以内に収められている。これは少なくとも将来、美術教育の研究を志すものならば、集中すれば一気に読み通せる分量である。

アートには「技術」という意味もあるが、本来のアートは教えることは出来ない。美術教育とは、個々の子どもの内なるアートの芽を、大切に育て美しい花を開かせることだと思う。美術教育とはアートを教えることではなく、子どもと一緒になってアートをすること、あるいはアートを楽しむことだと思う。美術の授業はそれこそ一期一会のパフォーマンスでありイヴェントではなかろうか。演劇にたとえれば、教師はその演出家である。そのヴァラエティに富んだ演出のメニューが、この『美術教育ハンドブック』である。

ただし、演出は教師の独りよがりであってはいけない。演出の基本は教師の信念、これを世阿弥は「貴人本位《きにんはんい》」という。子どもたちは観衆でありお客さまである。お客さまには喜んでもらわなければならない。そこから子どもたちは、アートを愛するようになる。これを「衆人愛敬《しゅにんあいぎょう》」という。教える側と教えられる側の両者の波長がぴったり合うとき、そこに「相応成就」の花が咲くのであり、その至福の一体感を「一座建立の寿福」というと、世阿弥は説いている。

それでは、この『美術教育ハンドブック』を手に、美術の時間、それ自体をアートにする極意を会得してもらいたいと期待している。

二〇一八年二月

監修者　神林恒道

〈ま〉

〈や〉

〈ら〉

〈さ〉

〈た〉

〈な〉

〈は〉

人名索引

（イタリックの数字は図の掲載頁を示す）

〈あ〉

〈か〉

〈や〉

〈ら〉

〈わ〉

〈た〉

〈さ〉

事項索引

（イタリックの数字は図の掲載頁を示す）

〈A〉

〈あ〉

〈か〉

永守 基樹［ながもり・もとき］
和歌山大学教授。主著論文に『ルソーの時――インタラクティヴィティの美学』（共著、日本文教出版）、“Encounter Between Hyper-Media and Art Education: A Retrospection of Jean-Jacques Rousseau or Memories of Art and Education”（*The Journal of Aesthetic Education* 37, 4, University of Illinois Press）など。

新関 伸也［にいぜき・しんや］
滋賀大学教授。主著に『日本美術 101 鑑賞ガイドブック』『西洋美術 101 鑑賞ガイドブック』（いずれも共編著、三元社）など。

松岡 宏明［まつおか・ひろとし］
大阪総合保育大学教授。主著に『子供の世界　子供の造形』（三元社）、『美術教育概論』（共編著、日本文教出版）など。

水島 尚喜［みずしま・なおき］
聖心女子大学教授。主著に『新訂　図画工作・美術教育研究』（共編著、教育出版）、訳書に、エリオット・W・アイスナー『美術教育と子どもの知的発達』（共訳、黎明書房）など。

三橋 純予［みつはし・すみよ］
北海道教育大学教授。主著に『日本写真家事典』（共著、淡交社）、「アートマネージメントという新たな領域の考察――ミュゼオロジーのネクストステージとしての美術教育の可能性」（『美術教育学』29、美術科教育学会）など。

茂木 一司［もぎ・かずじ］
群馬大学教授。主著に『協同と表現のワークショップ――学びのための環境のデザイン〔第 2 版〕』（編集代表、東信堂）、『色のまなび事典』（全 3 巻、共編著、星の環会）など。

【美術教育シーン】

梶岡 創［かじおか・はじむ］　大津市立打出中学校教諭

小泉 薫［こいずみ・かおる］　お茶の水女子大学附属中学校副校長

島谷 あゆみ［しまたに・あゆみ］　広島大学附属東雲小学校教諭

花里 裕子［はなざと・ひろこ］　中野区立第五中学校・目白研心高等学校美術科講師

馬場 千晶［ばば・ちあき］　鶴見大学短期大学部非常勤講師、大森みのり幼稚園他造形講師

保富 仁之［ほとみ・ひとし］　和歌山県立田辺高等学校教諭

森實 祐里［もりみ・ゆうり］　札幌市立星置東小学校教諭

金子 一夫［かねこ・かずお］
茨城大学特任教授。主著に『近代日本美術教育の研究　明治時代』、『近代日本美術教育の研究　明治・大正時代』（いずれも、中央公論美術出版）など。

佐藤 賢司［さとう・けんじ］
大阪教育大学教授。主著論文に『美術教育概論』（共編著、日本文教出版）、「造形の思考としての〈工芸〉再考」（『美術教育学研究』45、大学美術教育学会）など。

佐藤 哲夫［さとう・てつお］
新潟大学教授。主著に『うちのDEアート　15年の軌跡――地域アートプロジェクトを通じて見えてきたもの』（共著、新潟日報事業社）、『芸術における伝達と時代性』（共著、多賀出版）など。

佐原 理［さはら・おさむ］
徳島大学大学院准教授。主論文に「美術教育の特質的価値に接続する映像メディア――知識基盤社会へ対応する映像メディア領域の教育実践構造」（博士学位論文）など。

神野 真吾［じんの・しんご］
千葉大学准教授。主著に『社会の芸術／芸術という社会――社会とアートの関係、その再創造に向けて』（共編著、フィルムアート社）、『岩波講座　哲学〈7〉　芸術／創造性の哲学』（共著、岩波書店）など。

鷹木 朗［たかぎ・あきら］
京都造形芸術大学教授。主論文に「絵画における時間の多層性について」（『美術教育学研究』46、大学美術教育学会）、「［絵画・以降］の時代に構想するモンドリアンとマティスの題材化――絵画の時間・学びの時間」（『美術教育学』38、美術科教育学会）など。

竹井 史［たけい・ひとし］
愛知教育大学教授。主著論文に『作って遊べる子どものart book　まいにちぞうけい115』（メイト）、「幼児の造形的な遊びを活性化する土環境に関する工学的研究」（『保育学研究』50, 3、日本保育学会）など。

竹中 悠美［たけなか・ゆみ］
立命館大学大学院教授。主著に『美学と現代美術の距離――アメリカにおけるその乖離と接近をめぐって』（東信堂）、『芸術はどこから来てどこへ行くのか』（共著、晃洋書房）など。

直江 俊雄［なおえ・としお］
筑波大学教授。主著に『20世紀前半の英国における美術教育改革の研究――マリオン・リチャードソンの理論と実践』（建帛社）、『アートでひらく未来の子どもの育ち』（共著、明石書店）など。

中村 和世［なかむら・かずよ］
広島大学教授。主著論文に "The Significance of Dewey's Aesthetics in Art Education in the Age of Globalization"（*Educational Theory* 59, 4, University of Illinois）、キャサリーン・キャンプ・メイヒュー、アンナ・キャンプ・エドワーズ『デューイ・スクール――シカゴ大学実験学校 : 1896年～1903年』（共訳、あいり出版）など。

著者紹介

（五十音順）

【監修】

神林 恒道［かんばやし・つねみち］
大阪大学名誉教授。主著に『芸術学ハンドブック』（共編著、勁草書房）、『ドイツ・ロマン派風景画論――新しい風景画の模索』（共編訳、三元社）、『近代日本「美学」の誕生』（講談社）など。

ふじえ みつる［藤江 充］
愛知教育大学名誉教授。主著論文に「美術教育における『感性』、『知性』と『知能』について」（『美育文化』61, 5、美育文化協会）、『アート de ゲーム』（日本文教出版）など。

相田 隆司［あいだ・たかし］
東京学芸大学教授。主著に『教科教育学シリーズ 8　図工・美術科教育』（共著、一藝社）、『21 世紀の学習者と教育の 4 つの次元――知識, スキル, 人間性, そしてメタ学習』（共訳、北大路書房）など。

赤木 里香子［あかぎ・りかこ］
岡山大学大学院教授。主著論文に『芸術表現教育の授業づくり――音楽、図工・美術におけるコンピテンシー育成のための研究と実践』（共著、三元社）、「近代的自然観と美術教育の位相（第 1 回～第 15 回）」（『美育文化』42, 4 ～ 43, 12、美育文化協会）など。

今井 真理［いまい・まり］
四天王寺大学教授。主著に『介護・福祉・医療に関わる人のための　アートセラピー入門――認知症にも効果が認められた芸術療法』（ひかりのくに）、『すべての子どもがイキイキ輝く！　学級担任がつくる図工授業――指導スキル & 造形活動アイデア』（明治図書）など。

大泉 義一［おおいずみ・よしいち］
横浜国立大学准教授。主著に『子どものデザイン　その原理と実践――日本における子どものためのデザイン教育の変遷から展望へ』（日本文教出版）、『美術科教育における授業研究のすすめ方』（共著、美術科教育学会叢書）など。

大橋 功［おおはし・いさお］
岡山大学大学院教授。主著に『美術教育概論』（監修・編著、日本文教出版）、『教師をめざす若者たち』（プレジデント社）など。

小野 康男［おの・やすお］
横浜国立大学教授。訳書に、ジャン＝フランソワ・リオタール『文の抗争』、ジョルジュ・ディディ＝ユベルマン『時間の前で――美術史とイメージのアナクロニズム』（いずれも共訳、法政大学出版局）など。

美術教育ハンドブック

発行日　二〇一八年三月二五日　初版第一刷発行

監　修　神林恒道・ふじえみつる
編集委員　大橋功・小野康男・佐藤哲夫
竹井史・直江俊雄・永守基樹
新関伸也・松岡宏明・水島尚喜
（日本美術教育学会・大学美術教育学会・美術科教育学会）

発行所　株式会社三元社
〒一一三-〇〇三三
東京都文京区本郷一-二八-三六　鳳明ビル
電話／〇三-五八〇三-四一五五
ファックス／〇三-五八〇三-四一五六

印刷
製本　モリモト印刷株式会社

ISBN978-4-88303-452-9
http://www.sangensha.co.jp